国家社会科学基金青年项目
"利用网络价格信息改进我国现行 CPI 编制方法与国际经验借鉴

U0507559

货币政策规则视角下中国物价波动研究

基于开放经济DSGE模型

李倩 ◎ 著

中国财经出版传媒集团
经济科学出版社
Economic Science Press

图书在版编目（CIP）数据

货币政策规则视角下中国物价波动研究：基于开放

经济 DSGE 模型/李倩著 . —北京：经济科学出版社，2019. 2

ISBN 978 - 7 - 5141 - 9988 - 8

Ⅰ.①货…　Ⅱ.①李…　Ⅲ.①物价波动 - 研究 - 中国

Ⅳ.①F726

中国版本图书馆 CIP 数据核字（2018）第 280552 号

责任编辑：周国强
责任校对：王苗苗
责任印制：邱　天

货币政策规则视角下中国物价波动研究

——基于开放经济 DSGE 模型

李　倩　著

经济科学出版社出版、发行　新华书店经销

社址：北京市海淀区阜成路甲 28 号　邮编：100142

总编部电话：010 - 88191217　发行部电话：010 - 88191522

网址：www. esp. com. cn

电子邮件：esp@ esp. com. cn

天猫网店：经济科学出版社旗舰店

网址：http: //jjkxcbs. tmall. com

固安华明印业有限公司印装

710×1000　16 开　14.75 印张　180000 字

2019 年 2 月第 1 版　2019 年 2 月第 1 次印刷

ISBN 978 - 7 - 5141 - 9988 - 8　定价：72.00 元

（图书出现印装问题，本社负责调换。电话：010 - 88191510）

（版权所有　侵权必究　打击盗版　举报热线：010 - 88191661

QQ: 2242791300　营销中心电话：010 - 88191537

电子邮箱：dbts@ esp. com. cn）

P 前言
reface

　　物价是关系国计民生的一件大事，维持物价稳定对于促进经济发展、保障民生改善、维护社会稳定具有十分重要的意义。在经济全球化背景下，我国的对外开放程度日益加深，物价波动的联动性增强，因此需要考虑外部因素对我国物价的影响。尽管我国已经采取一系列宏观调控措施稳定物价，但我国的物价波动依然较大。在此背景下，我们需要了解开放经济下影响中国物价波动的因素是什么，在众多因素中，主要影响因素有哪些，具体影响途径是怎样的，制定什么样的政策措施能够保持物价长期稳定。由于开放经济动态随机一般均衡（DSGE）模型具有理论上的微观基础，引入动态随机分析，随着更多现实经济因素的加入，该模型更加符合现实经济，解释现实经济问题更具有优越性，并且在不同的货币政策规则下，各因素的影响途径和程度不同。因此，本研究从货币政策规则角度（主要包括货币供应规则、利率规则、混合规则）利用开放经济 DSGE模型分别研究三种规则下国内外各种外生冲击对中国物价波动的影响，通过比较分析制定符合中国国情的预防物价波动的政策措施。

　　本书是作者近年来的研究结果，是在作者博士论文基础上对物价波动的进一步研究成果。本书由 7 章构成，第 1 章主要介绍本研究的选题背景、研究意义、文献综述以及本项研究的研究目标、内容和研究方案。第 2 章是货币政策利率规则下开放经济 DSGE 模型的设定。首先概述了开放经济 DSGE 模型的发展，然后构建了一个适合中国国情的开放经济 DSGE 模型，模型包含本国居民部门、本国厂商部门、本国政府部门、国外部门四个部门，采用扩展的泰勒规则描述央行利率政策。第 3 章是对模型进行求解和模拟。包括模型的稳态及对数线性化、参数估计及评估、脉冲响应分析及方差分解。模型稳态参数的确定主要采用校准的方法，动态参数的确定主要采用基于 MCMC 的贝叶斯估计方法。并分析了供给冲击、需求冲击、货币冲击、财政冲击以及外汇市场风险溢价冲击对我国物价波动的影响。第 4 章构建了一个包含本国货币供应冲击的适合中国国情的开放经济 DSGE 模型，研究了货币政策供应量规则下各因素对本国物价的传导机制及影响程度。第 5 章在第 4 章模型的基础上，构建了一个包含货币政策混合规则的适合中国国情的开放经济 DSGE 模型，研究了在货币政策混合规则下各因素对本国物价的传导机制及影响程度。第 6 章从供给、货币政策与财政政策两个方面进行政策体系设计。第 7 章是本研究的结论与展望部分。本研究理论与实际相结合，具有重要的指导意义。

　　本书在写作过程中得到中南财经政法大学博士生导师徐映梅教授的指导，在此表示衷心的感谢。相信本研究会对科研机构、教学单位，尤其是从事宏观经济研究者有一定的参考价值，也对物价管理者和政策制定者具有指导价值。

　　由于本研究内容比较复杂，难免有不足之处，望广大读者批评指正。

目 录

contents

第 1 章

绪　　论

1.1　选题背景及研究意义

1.1.1　选题背景

　　稳定物价①是政府重要调控目标之一，是关系国计民生的一件大事。从经济发展看，价格是配置经济资源的重要杠杆，直接引导着经济结构、产业结构的优化，引导着经济速度、质量、效益的协调平衡。从民生改

---

　　①　稳定物价是指要抑制住通货膨胀、避免通货紧缩、维持币值的稳定，因此又常把这一目标称为"稳定币值"。

善看，价格与人民群众的生活息息相关，直接牵涉到人民群众的切身利益。从社会稳定看，价格是各种利益关系的交汇点，价格变动则直接影响到社会各个层面的利益变换。因此，维持物价稳定对于促进经济发展、保障民生改善、维护社会稳定大局，都具有十分重要的意义。

第一，我国对外开放进入了一个新的发展阶段。

自从 2010 年中国国内生产总值（GDP）超过日本成为全球第二大经济体后，就一直稳居全球经济"亚军"。2016 年中国名义 GDP 达到 744127.2 亿元，比 2010 年增长 80.16%；人均 GDP 达到 53980 元，增长 74.83%。2016 年货物进出口总额 243386.5 亿元，比 2010 年增长 20.65%，其中出口 138419.3 亿元，增长 29.34%；进口 104967.2 亿元，增长 10.84%。2016 年末国家外汇储备 30105 亿美元，比 2010 年增长 5.73%。①

2014 年，中国首次超过美国成为全球头号外商直接投资（FDI）目的国，总金额达 1280 亿美元。2016 年 10 月 1 日，人民币正式加入国际货币基金组织（IMF）的特别提款权（SDR）货币篮子，人民币在货币篮中初始权重为 10.92%，成为第五种被纳入 SDR 货币篮子的货币，并超越日元与英镑，紧随美元和欧元，成为其中第三大储备货币。这标志着人民币国际化取得重大进展。人民币不仅是后布雷顿森林体系时代第一个真正新增的篮子货币，也是 SDR 中唯一来自发展中国家的货币。人民币加入 SDR，一方面说明中国经济进一步融入世界金融体系，另一方面也说明中国对世界的影响力得到更多认可。中国政府旨在为人民币加入 SDR 创造条件而出台的政策措施，比如资本账户开放、汇率机制改革、利率市场化等，将促进中国的金融体系改革与开放，加速金融自由化过程，使得中

---

① 数据来源于《中国统计年鉴 2011》和《中国统计年鉴 2017》。

国金融业竞争加剧并提高效率，这将对中国经济产生很大的影响。人民币加入 SDR，虽然还只具有象征意义，还不能实现人民币成为全球储备货币，但这对人民币和中国金融市场走向世界开了一个好头。

第二，在全球化背景下，物价波动①的国际传导效应更明显。

随着我国开放程度越来越高，经济日益融入世界经济，物价波动具有全球化趋势。20 世纪 70 年代，世界石油危机引发原油价格上涨，造成西方发达国家的经济衰退与严重的通货膨胀②。例如突如其来的石油供应减少和油价暴涨使美国国内物价上涨，1973 年物价超过 6%，1974 年超过 10%。1997 年，亚洲金融风暴席卷泰国，泰铢贬值。不久，这场风暴扫过了马来西亚、新加坡、日本、韩国和中国等地，亚洲一些经济大国的经济开始萧条。随着亚洲金融危机爆发，国内外需求大幅缩水，造成中国经济供大于求，物价水平从而不断下降，中国的通缩③时期到来。2008 年，由美国次贷危机引发的全球经济危机，导致全球消费需求骤减，物价回落，全球经济明显放缓。我国在此次危机之前，正面临着很大的通胀压力，2007 年物价由 2006 的 1.5% 跃升为 4.8%，2008 年 2 月更是创下了新高，达到 8.7%，稳定物价已经刻不容缓地成为 2008 年中国政府宏观

---

①　物价波动按波动方向，可分为物价上涨和物价下跌两类。现行商品或者劳务的价格高于它们以前在同一市场上的价格，称为物价上涨；现行商品或者劳务的价格低于它们以前在同一市场上的价格，称为物价下跌。

②　通货膨胀指在纸币流通条件下，因货币供给大于货币实际需求，也即现实购买力大于产出供给，导致货币贬值，而引起的一段时间内物价持续而普遍地上涨现象。其实质是社会总需求大于社会总供给（供远小于求）。

③　对于通货紧缩的含义，从争论的情况来看，大体可以归纳为三种：一种是"三要素论"观点，认为通货紧缩是经济衰退的货币表现，具有物价普遍持续下降、货币供给量连续下降、有效需求不足导致经济全面衰退的特点；另一种是"双要素论"观点，认为通货紧缩是一种货币现象，表现为价格的持续下跌和货币供给量的连续下降；第三种是"单要素论"观点，认为通货紧缩就是物价的全面持续下降。从上面的介绍可以看出，尽管对通货紧缩的定义仍有争论，但对于物价的全面持续下降这一点却是共同的。

调控的主要目标之一。次贷危机发生后，通胀压力有所下降，甚至出现了短时间通货紧缩。但在国家出台 4 万亿的经济刺激计划成功"保八"之后，从 2009 年底开始，新一轮通货膨胀又开始出现。2010 年 5 月，在全球经济并没全面复苏的情况下，我国的物价又突破了 3% 的警戒线，到 2011 年 7 月份达到 6.5%。随后物价开始下降，2013 年为 2.6%，远低于政府提出的 3.5% 的年度调控目标，2014 年降为 2%。2014 年俄罗斯卢布暴跌，国际油价下跌是卢布贬值的首因，卢布贬值导致国内物价上涨，出现人民抢购生活物资的乱象，俄罗斯人民的生活水平大大下降。

第三，全球主要国家为稳定物价采取的宏观调控措施。

全球化背景下，全球各国都面临不同程度的物价波动问题，由于物价波动的状况和引发的原因不同，各国实行的政策和采取的措施就会不同，产生的效果也就会不同。就治理通货膨胀而言，日本和德国的措施相对有效，经验是始终将币值稳定作为货币政策甚至是国家经济政策的首要目标，当经济增长与稳定之间发生矛盾时，宁愿放缓经济增长速度，也不以牺牲稳定作为代价而换取经济的增长。美国历来也很重视通货膨胀，货币政策是美国政府抑制通货膨胀的主要策略，如紧缩货币供应以及提高利率等传统工具。就治理通货紧缩而言，日本政府主要以扩大政府财政开支、降低利率等措施刺激经济复苏。面对 2008 年次贷危机导致的通货紧缩，美国主要采取量化宽松货币政策。中国自 1994 年汇率改革①以来，物价出现了几次比较明显的大幅波动运行，与中国物价大幅波动相伴随的是中央政府的宏观调控政策。从 1994 年汇率改革至今，中国一共经历了 6 次宏观调

---

① 1994 年 1 月 1 日，人民币官方汇率与外汇调剂价格正式并轨，我国开始实行以市场供求为基础的、单一的、有管理的浮动汇率制。

控，如表 1-1 所示。1997 年亚洲金融危机之后，为应对当时物价走低，经济下滑等严峻的宏观形势，中国开始实行积极的财政政策①和稳健的货币政策②。那时积极的财政政策主要有增发国债、税收减免、增加社会保障等，稳健的货币政策取向是增加货币供应量，包括降低存、贷款利率、法定准备金率和超额准备金率。这一政策组合的实施给我国及亚洲都带来了积极的效果，首先我国在政策实施后，经济平稳发展，没有出现大的起伏，成功走出危机阴影；同时我国承诺人民币不贬值，这对缓解亚洲经济，带动亚洲经济复苏起到了重要的作用，中国成为亚洲金融危机的中流砥柱。为应对 2008 年美国次贷危机，中国实施了积极的财政政策和适度宽松的货币政策。中央出台的一揽子刺激经济的财政政策主要有 4 万亿投资计划、实行结构性减税和推进税费改革等举措，货币政策主要有下调金融机构存贷款基准利率、下调存款准备金率，并暂免储蓄存款利息个人所得税等。中国政府采取的应对全球金融危机的措施虽有成效，但也导致了后来的产能过剩和通货膨胀。于是中央果断出手，采取 16 项措施平抑物价，被称为"国 16 条"。面对未来的物价波动，然而央行这样循环往复的操作，是否真能有效，至今尚无定论。稳定物价一直是世界各国都关注的问题，各国根据自己的国情和经济社会环境制定治理物价波动的政策。

---

①　财政政策是指为促进就业水平提高，减轻经济波动，防止通货膨胀，实现稳定增长而对政府财政支出、税收和借债水平所进行的选择，或对政府财政收入和支出水平所做的决策，是国家干预经济的主要政策之一。

②　狭义货币政策指中央银行为实现其特定的经济目标而采用的各种控制和调节货币供应量或信用量的方针和措施的总称，包括信贷政策、利率政策和外汇政策。广义货币政策指政府、中央银行和其他有关部门所有有关货币方面的规定和采取的影响金融变量的一切措施（包括金融体制改革，也就是规则的改变等）。

表 1-1   1994 年汇率改革以来中国财政政策和货币政策组合轨迹

时间	财政政策	货币政策
1994~1997 年	适度从紧	适度从紧
1998~2003 年	积极	稳健
2004~2007 年	稳健	稳健
2008 年	稳健	从紧
2009~2010 年	积极	适度宽松
2011~2017 年	积极	稳健

资料来源：中国人民银行及财政部网站。

在实际生活中，对于中国老百姓来说，当居民消费价格指数（CPI）高的时候，物价似乎更高；CPI 低的时候，物价好像也没低下来，造成 CPI 数据与老百姓感受不一致。一些出国赴美的人惊奇地发现美国的很多物价竟然比中国便宜，造成中国虽然属于发展中国家，但是物价却有赶超美国的迹象，严重影响了人民的生活水平。特别是在经济全球化背景下，物价波动的联动性增强，我国的对外开放程度日益加深，因此需要考虑外部因素对我国物价的影响。尽管我国已经采取一系列宏观调控措施稳定物价，但我国的物价波动依然较大。在此背景下，我们需要了解开放经济下影响中国物价波动的因素是什么，在众多因素中，主要影响因素有哪些，具体影响途径是怎样的，制定什么样的政策措施能够保持物价长期稳定。由于货币政策规则主要包括货币供应规则、利率规则、混合规则三种，本研究利用开放经济动态随机一般均衡（DSGE）模型分别研究这三种货币政策规则下国内外各种外生冲击对中国物价波动的影响，并根据结果，从供给冲击、需求冲击、货币冲击、财政冲击、外汇市场风险溢价冲击等方面探讨了物价波动的成因，并通过比较分析制定符合中国国情的预防物价波动的政策措施，这具有重要的理论意义和现实意义。

1.1.2　选题意义

1. 理论意义

建立了一个开放经济下研究我国物价波动的理论框架。作为研究物价波动的重要理论学派，新凯恩斯主义理论学派提出了需求、供给和货币因素在物价波动中的重要作用。随着我国对外开放程度越来越高，封闭经济模型已经不符合我国的实际情况，新凯恩斯主义学派也发展到了开放经济下的研究。在此基础上，建立一个完整的理论分析框架，研究开放经济下影响物价波动的主要因素，加深对中国物价波动机理的认识，为我国制定稳定物价的宏观经济决策提供理论依据，保障我国经济的健康平稳发展。开放经济下的物价波动研究领域包括很多方面，本研究的外部因素主要考虑国外实际利率、国外总需求以及国外物价。

丰富和扩展了研究物价波动问题的分析工具。本项研究的研究方法是采用开放经济的 DSGE 模型，它能够有效地克服 VAR 方法的缺陷。DSGE 模型是在不确定环境下研究经济的一般均衡问题，它的显性建模框架、理论一致性、微观和宏观的完美结合、长短期分析的有机结合、政策分析的优越性等日益受到人们的青睐。通过建立 DSGE 模型，我们可以很方便的在模型中设定所需要的随机冲击，通过脉冲响应研究各外生冲击对内生变量的影响途径，通过模型中变量的方差分解考察各个冲击（如需求冲击、供给冲击、政策冲击等）对内生变量的影响程度，最后可以更直观地用于宏观政策传导机制的研究。为了更好地拟合我国物价波动，在开放经济的 DSGE 模型中引入了消费习惯、产品市场垄断竞争、价格黏性等摩擦因素。

可以说，DSGE 模型的应用极大丰富和扩展了研究物价波动问题的方法。

2. 现实意义

首先，物价问题关系到居民和企业的实际利益。在经济活动中，人民的衣食住行都与物价息息相关，物价水平频繁波动会造成生活水平起伏不定，生活质量下降。同样物价问题也关系到我国企业的长期发展，特别是开放经济下，市场竞争日益激烈，企业要想做大变强，就必须审时度势，作出正确决策。物价波动会造成企业利润的不稳定，导致很难作出比较正确的决策，有可能造成短视行为，从而失去竞争力。物价波动给居民和企业的经济活动都会带来严重影响，误导居民特别是企业的决策，造成社会资源的浪费，扰乱经济秩序，因此研究物价问题意义深远。

其次，物价问题研究有利于政府制定稳定物价的政策措施。随着我国的对外开放程度进入了一个新的发展阶段，所面对的国际形势日益复杂，一旦某个国家的物价发生波动，就很容易通过国际传导源影响到我国。特别是随着国际分工纵向一体化和全球金融体系横向一体化的发展，各国物价波动存在着更强的同步性，物价波动的国际间传导就具有更多的渠道和更大的纵深发展，这都给稳定物价政策制定者带来了困难。本研究中的物价波动模拟，有利于政策决策者在政策出台前就对政策可能带来的后果有一个大体的了解，增强了政策决策的科学性，制定更有针对性的调控政策，将物价稳定在一个合适的范围内，保持经济平稳较快发展，安定人民群众生活和维护社会稳定，具有非常重要的现实意义。

1.2　国内外文献研究动态

1.2.1　各影响因素与物价波动关系的研究动态及成果

国内外专家学者从不同的角度对物价波动的影响因素进行了大量研究，并形成了较为丰硕的研究成果。本研究除了就影响物价波动的货币、总需求、供给、汇率等因素做详细综述外，还对物价波动的其他影响因素做了概述。

1. 货币因素与物价波动关系的研究

众多学派都对货币供给量与物价波动之间的关系进行过深入系统的研究。传统货币数量论的代表人物费雪（Fisher）在 1911 年《货币的购买力》一书中提出了交易方程式：$MV = PT$，认为在一定时期内货币流通速度和商品交易量是稳定的，当货币供给变动时，物价水平作同方向、同比例变动。凯恩斯（Keynes，1936）认为，在非充分就业的前提下，增加货币数量促使有效需求增加，其效果一部分引起物价水平上涨，另一部分促使产出和就业增加。只有达到充分就业后，再增加货币数量才不会再促使产出和就业的增加，而只会使物价水平同比例的上涨且长期内物价是上涨的。现代货币数量论认为，货币供给的变动在短期内既影响物价又影响产出，在长期内则表现为货币现象，仅影响物价。理性预期假说认为货币是中性的，货币数量的增加和减少，不影响实际的经济

变量，货币供给的变动都会反映到物价变动上。20 世纪 80 年代的真实
经济周期理论也主张货币是中性的①。新凯恩斯主义认为由于工资和价格
双黏性的存在，货币在短期是非中性②的，在长期是中性的。麦克兰德和
韦伯（Mccandless & Weber，1995）根据 110 个国家 30 年的数据得出，
在长期，货币供给量的增加会引起物价相同程度的上涨，货币供给量与
物价之间存在较强的正相关关系。格罗韦和波兰（Grauwe & Polan，
2005）根据 160 个国家 30 年的数据得出货币供给量与长期物价之间存在
着对应的正向关系。迈希米·埃文迪和布伦特·古罗格卢（Mehmet
Ivrendi & Bulent Guloglu，2010）研究了实行通货膨胀目标制的国家，得
出短期内货币非中性，而长期内货币供给增加对真实产出不产生影响，
只会引起物价上涨。由此可见，短期内货币是中性还是非中性，各学派
还没有统一的观点，但对长期内货币是中性的观点基本上已达成共识。

　　许多学者对中国货币供给量与物价水平之间的关系也做了大量研究，
普遍认为货币供给量是影响物价水平的主要因素，且在长期内呈现货币
中性，仅对物价产生影响。李军（1997）采用协整模型分析发现，货币
供给量与通货膨胀在短期内不存在正相关关系，但中长期内，二者存在
显著的正相关关系。刘斌（2002）基于脉冲响应和方差分解发现，长期
内货币是中性的，产出的变化主要是由实质部门因素确定，与货币供给
量没有必然联系，而货币供应量的变化无论长短期都会对物价产生影响。
常云昆和肖六亿（2005）采用中国 1980～2002 年的年度数据研究发现，
货币供给冲击对物价的长期影响显著但并非同比例影响物价。王君斌

____

① 货币中性是指货币供给量的变化只影响一般物价水平，不影响实际产出水平。
② 货币非中性是指货币供应量的变化，引起实际利率和产出水平等实际经济变量的调整
和改变。

（2010）基于中国宏观季度数据，运用结构向量自回归（SVAR）方法研究发现，货币供给增加会引起通货膨胀呈现驼峰形态，惯性恢复稳态。张成思（2012）研究了中国 1978～2011 年的季度数据，分析了通货膨胀率、真实经济增长率与货币增长率之间的互动机制，结果发现，货币增长率在长期和短期都显著驱动通货膨胀。张五六（2013）运用 UC 模型分析了货币供给与物价的永久及暂时性成分变动关系，发现长期均衡中货币供给量永久性成分对物价影响很大，货币供给量与物价暂时性成分之间的波动不存在相互格兰杰（Granger）因果关系。周启清和孟玉龙（2018）采用回归分析、协整检验、格兰杰因果检验、脉冲响应和方差分解分析等计量方法，分析中国的货币供应量增长率变动对物价的影响，结果发现：货币供应量的增长率对物价有一个正向的带动作用，两者存在长期的均衡关系；广义货币增长率变动对物价的影响最迅速，狭义货币增长率变动对物价的影响最大，流通中现金增长率对物价的影响最持久。由此可见，根据中国数据得出的结论与国外的主流结论基本吻合，即货币供给量变动能够不同程度的解释物价变动。

2. 总需求因素与物价波动关系的研究

总需求一般包括消费、投资、政府支出和出口四大部分。根据凯恩斯主义基于总需求—总供给模型进行的分析，认为当总需求增加到大于充分就业的产量时，就会拉动整体物价水平上涨，也就是不论哪部分引起总需求的过度增长都会导致需求拉动型物价上涨。国内外许多学者研究了总需求对物价的影响，得出的结论基本一致，即总需求是影响物价变动的重要因素。钟万基（Jong Wanich，2009）研究了亚洲发展中国家通货膨胀的影响因素，发现包括消费、投资、政府支出及出口在内的总需求是影响通货膨胀的主要动力。陈丹丹、任保平（2008）通过向量自回归模型采用中国 2005 年 1 月至 2007 年 12 月的月度数据研究发现，需求冲击是中国本轮通货膨胀上升的重要原因，其中，投资需求和消费需求对物价上升的作用显著，而净出口并不显著。吴军、肖威、涂竞（2011）通过研究我国 2000 年以后的数据，认为引发通货膨胀的因素主要来源于总需求而非总供给。

针对总需求因素中的投资、消费、出口对物价的单独影响，许多专家也做了专门研究并形成了不同观点。在投资变动对物价变动的研究中：张仲梁等（2004）利用协整检验得到，投资增长会导致产出增长，但不会导致通胀率上升；孙晓娟、李丹（2011）认为，投资波动会引发生产资料和粮食价格发生波动，最终会传递到消费品市场，引起物价的波动。在消费变动对物价变动的研究中，奥普斯（Oppers，1997）认为消费变动是中国物价周期性变化的重要原因。在出口变动对物价变动的研究中：钱争鸣、郭鹏辉、李智（2006）认为进口、出口均对物价存在一定程度的影响，但出口的影响更为显著；丁永健、鄢雯（2011）研究发现出口增加导致中国国内需求增加，国内物价随之上涨。

3. 供给因素与物价波动关系的研究

供给方面的冲击包括国际市场供给价格和数量的改变、农业丰歉、劳动生产率的改变等。受供给方面冲击的影响造成了工资推动或利润推动型通货膨胀。关于工资、原材料与物价总水平关系的研究，国内外有着丰富的文献研究经验。在国外研究中，关于工资与物价水平的变化，戈登（Gordon，1988）研究了美国 1954~1978 年间工资和价格水平之间的关系，发现它们之间不存在明显的相关性；洛恩和里奇（Lown &

Rich，1997）研究了美国 1965～1996 年间工资和价格水平之间的关系，却得出对于通货膨胀的解释，工资起到重要的作用。关于原材料成本与物价水平关系的研究，加莱西和伦巴第（Galesi & Lombardi，2009）研究发现，石油价格变化成为引起发达国家通货膨胀变化的主要因素，而且地区之间的相互波及也影响到这种物价的传递；沃尔什（Walsh，2011）研究发现粮食冲击不仅直接影响总物价，还会因为人们的预期反映在其他下游行业，推动核心 CPI①。在国内研究中，关于工资与物价水平的变化，范志勇（2008）通过研究中国 2000～2007 年进口价格、超额工资和货币因素对通货膨胀的影响，发现超额工资不是引起通货膨胀的主要因素，也不存在工资和价格螺旋上升的情况；丁守海（2010）通过 VECM 模型分析表明，我国工资与物价存在明显的螺旋波动关系，并且这一螺旋关系是由城镇劳动力工资与物价之间的直接螺旋关系以及农民工工资与物价之间的间接螺旋关系组合而成的。关于原材料成本与物价水平关系的研究，陈克新（2003）研究发现 2003 年开始的原材料价格大幅度上涨对我国物价影响很小。黄慧慧等（2008）、郭其友等（2011）研究发现，我国许多初级产品外贸依存度过高，国际大宗商品价格上涨在很大程度上直接或间接影响物价上涨。

4. 汇率②与物价波动关系的研究

理论上，汇率的变动会影响到进出口价格，进而影响到国内物价，

---

① 核心 CPI 是指将受气候和季节影响较大的产品价格剔除之后的居民消费物价指数。一般认为是剔除了食品和石油价格影响的 CPI 指数。

② 汇率是指一种货币兑换另一种货币的比率，是以一种货币表示另一种货币的价格。按照确定作为标准的国家不同，可分为直接标价法、间接标价法和美元标价法三种。

一般把汇率变动对进出口价格及国内物价水平的影响称为汇率的价格传递。传统国际经济学认为汇率对进出口的价格传递效应是完全且迅速的，然而，越来越多的研究结果表明汇率的价格传递效应是不完全且存在时滞的。国内外关于价格的不完全汇率传递效应的研究文献是相当丰富的。在国外研究中，坎帕和哥德堡（Campa & Godlberg，2005）研究了经合组织成员国进口商品汇率传递效应下降的原因，发现很大程度上是由这些国家进口的对汇率变动不敏感商品造成的。乔德里和哈库拉（Choudhri & Hakura，2006）通过建立新开放经济下的宏观经济模型，对汇率传递和国内价格作了理论上的分析，并用 71 个国家 1979～2000 年的数据作了实证上的检验，发现物价水平与汇率传递效应存在高度正相关，且各国汇率传递效应不同主要是由物价水平的差异造成的。贝恩和比杰斯特博什（Beirne & Bijsterbosch，2011）建立了协整 VAR 模型，通过研究 9 个中东欧欧盟成员国的汇率对消费价格的传递，结果发现汇率传递效应较高的是采用固定汇率制度的国家。在国内研究中，卜永祥（2001）建立了一个半开放模型，通过分析人民币汇率变动对国内物价的影响，表明长期来看，汇率变动对零售物价和生产者价格均有显著影响；短期来看，汇率变动对生产者价格的影响比较显著和迅速，对零售物价的影响比较小。王晋斌、李南（2009）研究发现，2005 年汇率改革以来，短期和长期汇率传递效应都在显著增强，更有弹性的汇率制度能够加强国外物价对国内物价的冲击。周健生、沙文兵（2012）基于中国 1995～2010 年季度数据，研究发现人民币名义有效汇率对进口价格、国内生产者价格和消费者价格的传递效应是依次递减的。符大海、张莹、卢伟（2017）基于人民币汇改后 2005 年 7 月至 2014 年 6 月中国 31 个省区市的月度面板数据，采用动态非平衡面板估计的实证分析方法，研究了人民币汇率波动对国内各地居民消费价格的差异化影响。结果显示，人民币升值在总体上对国内物价有显著的负向影响，但这种价格传递效应存在明显的地区和产品异质性。另外，人民币汇率对价格的影响在短期内并不显著，更多是一个长期影响。

5. 其他因素与物价波动关系的研究

国内外学者除了对物价与货币供给量、总需求、供给、汇率等因素的关系进行研究外，也对物价波动与其他因素的关系作了研究如经济增长、外汇储备、利率等。

关于物价波动与经济增长关系的研究，泰勒（Taylor，1980）研究发现适度的通货膨胀能够刺激经济增长。埃尔曼·埃尔贝卡尔和艾登·奥库岩（Erman Erbaykal & Aydin Okuyan，2008）基于土耳其 1987 年 1 月至 2006 年 2 月的月度数据，研究表明通货膨胀与经济增长之间的关系不明确，两者可能无关。糜仲春、顾荣芳（1998）研究认为经济增长和通货膨胀具有相同的变动周期，过高的通货膨胀会扰乱经济，当经济增长率在 7%～10% 之间时，能够保持物价稳定。李玉双、陈乐一（2009）基于格兰杰因果关系检验，得出货币供给量波动和经济波动都是物价波动的格兰杰原因，短期和中期来说货币供供给量的波动会带动物价波动，但是长期而言经济波动会带动物价波动。徐梅、梅世强（2014）通过对两者基本因果关系研究发现：以 5% 为显著性水平，经济增长是引起物价波动的单向格兰杰原因；以 10% 为显著性水平，物价波动是引起经济增长的格兰杰原因，即两者具有双向因果关系。

关于物价波动与外汇储备关系的研究，罗伯特·H. 赫勒（Robert H. Heller，2002）研究了发达国家和发展中国家的浮动汇率制和固定汇率制，得出在固定汇率制下外汇储备与物价之间有显著的正相关关系。伊姆兰·谢里夫·乔杜里等（Imran Sharif Chaudhry et al.，2011）研究发现巴基斯坦外汇储备对物价有显著的负效应，这与他们的假设相一致，即外汇储备与巴基斯坦的通胀率有显著负相关关系。封建强、袁林（2000）认为，短期内，外汇储备与物价之间没有相关关系，长期内，外汇储备的增长会增加货币供给量，从而引起物价上涨，并且外汇储备与物价之间存在协整关系。陈国辉、段鹏（2007）研究发现外汇储备与通货膨胀之间存在正相关关系，但外汇储备对通货膨胀的产生较小程度的影响。惠晓峰和王馨润（2013）研究发现我国的外汇储备与通货膨胀之间存在着阶段性关系，2003～2007年两者存在长期均衡关系，外汇储备的增加显著影响物价，而2008～2011年两者就不存在这种稳定关系。姚宇惠、蔡宏宇（2014）通过构建VAR模型研究发现外汇储备的变化并不是广义货币变动和物价变动的格兰杰原因，在短期内我国外汇储备的变动对物价的直接影响十分有限，央行能够通过相应的货币干预手段在较短时期内抵消外汇储备变动对物价的影响。

关于物价波动与利率关系的研究，克里斯蒂娜等（Christinao et al.，1999）研究发现，当提高利率时，物价出现短期上升[1]。巴特和雷米（Barth & Ramey，2001）利用美国数据，分析了美国的成本渠道情况，研究发现，美国存在成本渠道情况，利率上升会引起通货膨胀，特别是1959～1979年期间这种情况十分显著[2]。乔杜里等（Chowdhury et al.，

---

[1] 因为这一现象无法用传统货币政策传导机制理论解释，因此被称为"价格之谜"。

[2] 巴特和雷米认为由于每个企业的融资条件不同，因此当名义利率发生变化时，企业的融资成本也发生变化，这对价格水平产生影响。这一传导机制也被称为货币政策成本渠道传导机制。

2006）研究发现，成本渠道对美国和英国有影响，而在德国和日本，通货膨胀对利率的反应却不明显。刘康兵等（2003）基于我国 1979～2000 年一年期存款利率与零售物价指数数据，研究发现它们之间存在短期和长期的费雪效应①。张丽（2011）基于我国 1984～2009 年一年期存款利率与消费物价指数数据，得出不同于费雪效应的物价与利率呈正相关的关系。王立平、刘明和申建文（2016）研究发现中央银行利用利率政策调控物价有效，费雪效应存在。

关于物价波动（CPI）与生产者价格指数（PPI）关系的研究，库欣和麦加维（Cushing & McGarvey，1990）对美国的价格传导机制研究表明，从 PPI 到 CPI 的传导机制比从 CPI 到 PPI 的传导机制更重要，PPI 对 CPI 具有单向因果关系。塞奥佐罗斯·库特曼尼迪等（Theodoros Koutroumanidis et al.，2009）采用 Johansen 协整分析法和 ECM 模型等研究了希腊林木产品的数据，结果发现 PPI 与 CPI 之间存在长期动态关系，但价格传导机制呈不对称性，CPI 是 PPI 的格兰杰原因，具有单向因果关系。阿克恰（Akcay，2011）基于 1995～2007 年部分欧洲国家的数据对 PPI 和 CPI 进行了研究，发现两者之间并无直接因果关系。康辉（2008）认为我国 PPI 与 CPI 的传导关系并不显著，且存在时滞效应，通过对两者传导路线的研究，发现当前阶段二者之间的影响是有限的。杨灿、陈龙（2013）利用谱分解的非参数频域分析方法，对近 16 年来中国 CPI 与 PPI 之间的格兰杰因果关系进行检验，结果发现，在短期内，CPI 与 PPI 互为传导关系（两种传导关系有不同的时滞），中期内两者之间可能互为因

---

① 费雪效应是指名义利率随物价的变化而变化。费雪效应表明，物价水平上升时，利率一般有增高的倾向；物价水平下降时，利率一般有下降的倾向。

果关系，但长期内，PPI 向 CPI 的传导占主导地位。孙坚强、崔小梅、蔡玉梅（2016）根据构建的包含货币因素的非线性 MG 系统模型（MNMG 模型）进行实证分析发现，PPI 对 CPI 存在向下推动传导，平均时滞 1 ~ 4 个月，CPI 对 PPI 存在反向反馈传导，平均时滞 1 ~ 2 个月；我国 PPI 和 CPI 均存在显著的惯性持续效应，且通胀惯性作用强于物价之间的传导，一定程度上削弱物价之间的传导。

1.2.2 DSGE 模型的研究动态及成果

基于建模的理论基础，DSGE 模型分为两类：基于真实经济周期理论的 DSGE 模型和基于新凯恩斯理论的 DSGE 模型。基于真实经济周期理论的 DSGE 模型（RBC 模型）以市场出清的一般均衡为理论框架，通常具有以下特点：（1）经济个体跨期最优选择；（2）理性预期；（3）市场完全竞争，工资和价格灵活调整；（4）货币完全中性；（5）真实冲击（如技术冲击等）是经济波动的主要因素。与 RBC 模型不同，基于新凯恩斯理论的 DSGE 模型一般具有如下特点：（1）市场垄断竞争；（2）工资和价格粘性；（3）短期内货币政策非中性。本书基于这一分类对 DSGE 模型进行文献研究。

1. 基于 RBC 理论的 DSGE 模型研究动态

在国外关于 RBC 模型的研究中，基德兰和普雷斯科特（Kydland & Prescott, I982）开创了研究 RBC 模型的先河，他们利用 RBC 模型对美国 1954 年第 1 季度至 1982 第 4 季度数据进行分析，发现模型模拟数据能够很好地拟合实际数据，技术冲击是产出等宏观经济变量变动的主要原因。但模型中的假定（工资和价格灵活调整、市场完全竞争等）明显与事实不符，受到众多学者批判。纳森和科格利（Nason & Cogley，1994）建立了四个货币周期模型，在模型中添加了两个约束条件（货币在长期与技术冲击相互独立、货币供给冲击与产出相互独立），并利用这四个货币周期模型对美国实际经济数据进行拟合，结果表明，模型模拟数据不能很好地拟合实际数据。库勒和汉森（Cooley & Hansen，1989）与费尔南德斯－维拉韦尔德（J. Fernandez－Villaverde，2009）认为货币政策的作用很小，这是由于"灵活价格"的假定，价格能够迅速调整以适应供求变化，因此得到这样的结论是理所当然的。

在国内关于 RBC 模型的研究中，卜永祥和靳炎（2002）开创了国内研究 RBC 模型的先河，他们在 RBC 模型中，假定劳动力为外生变量，同时引进技术冲击和货币政策冲击，用中国实际数据进行模型分析，结果表明引起经济波动的主要是技术冲击。黄颐琳（2005）在传统 RBC 模型中引入了政府部门，研究了技术和财政政策冲击对宏观经济波动的影响，认为中国经济波动是技术冲击、供给冲击和需求冲击共同作用的结果。李浩和钟昌标（2007）基于开放经济 RBC 模型研究发现，相对于封闭模型，开放经济模型能够更好地解释中国经济波动，特别是加入政府部门后，解释能力更强，但简单地引入贸易顺差不能视为开放经济的 DSGE 模型。李春吉（2010）分析了投资冲击和全要素生产率冲击对我国实际经济波动的影响，结果表明全要素生产率冲击是引起实际经济波动的主要因素，而投资冲击对实际经济波动的影响较小。吕朝凤、黄梅波（2012）建立了一个小国开放经济三部门 RBC 模型，考虑了国际利率冲击、国际金融冲击、资本利用、技术进步和政府支出冲击，结果表明该模型能够很好地解释中国宏观经济，比考虑了技术进步的封闭经济三部门 RBC 模型要强。郭光耀（2013）在 RBC 模型中引入了垄断的银行部门，并将模拟结果与无垄断银行模型的模拟结果作对比，结果表明加入垄断银行的模型可以更好地解释我国经济周期波动。李继翠、肖继五和周潮（2015）基于引入消费习惯形成和资本调整成本的 RBC 模型，采用我国 1994~2014 年季度数据对我国宏观经济的波动特征进行分析，结果表明居民消费习惯形成弱于闲暇习惯形成，但更持久且有益于平滑消费，资本调整成本会加剧宏观经济的波动。

2. 基于新凯恩斯理论的 DSGE 模型研究动态

新凯恩斯 DSGE 模型发展了 RBC 理论，引入了垄断竞争和名义黏性，弥补了 RBC 理论的不足，更加符合实际经济环境，成为研究宏观经济问题的重要分析工具。在国外关于新凯恩斯 DSGE 模型的研究中，恽（Yun，1996）首次在 RBC 模型中引入了垄断竞争和价格粘性，成为研究新凯恩斯 DSGE 模型的开端，结果表明引入价格粘性后的模型对产出和通货膨胀的解释力更强了。接着，加利（Gali，1999）在此基础上引入了技术冲击，结果表明新凯恩斯理论 DSGE 模型描述实际经济波动情况强于 RBC 模型。斯梅茨和武泰（Smets & Wouters，2003）基于一个包含价格粘性和工资粘性的 DSGE 模型分析了欧洲经济波动，研究认为劳动供给和货币政策冲击是产出波动的主要因素，而价格加成和货币政策冲击是通货膨胀的主要因素。克里斯蒂亚诺等（Christiano et al.，2005）基于包含价格和工资双黏性、投资调整成本、可借款支付工资、消费习惯形成、可变的资本利用率等因素的新凯恩斯 DSGE 模型，研究认为货币政策冲击对通货膨胀惯性和产出持续性都会产生影响。加利等（Gali et al.，2007）将流动性约束消费者引入包含垄断竞争、价格黏性等特点的新凯恩斯 DSGE 模型中，利用美国数据研究财政支出冲击的宏观经济效应，结果表明，财政支出正向影响产出、工资水平和私人消费。苏戈和上田（Sugo & Ueda，2008）认为投资调整成本冲击和技术冲击是导致日本经济波动的主要因素。克里斯蒂亚诺等（Christiano et al.，2010）在标准货币 DSGE 模型中引入了金融市场，结果表明风险冲击是影响经济波动传播的重要因素。克里斯蒂亚诺和特拉蓬特（Christiano & Trabandt，2011）在小型开放经济中引入了失业和金融摩擦，结果表明金融摩擦和劳动力市场摩擦对开放经济下经济波动都具有重要的作用。

这些年，国内许多学者也开始利用新凯恩斯 DSGE 模型研究我国的经济波动问题。在国内关于新凯恩斯 DSGE 模型的研究中，陈昆亭和龚六堂（2006）通过引入价格粘性和内生货币机制，构建了一个初具新凯恩斯理论框架雏形的包含 Taylor 货币政策规则的经济模型，该模型的模拟结果相较于 RBC 模型更接近中国经济的特征。李春吉和孟晓宏（2006）认为投资效率冲击、货币供给增长冲击、消费偏好冲击、技术冲击和政府支出冲击都显著地影响着中国经济波动，但技术冲击相较于 RBC 模型对产出波动的影响较小。许伟和陈斌开（2009）在新凯恩斯 DSGE 模型中引入银行部门，通过脉冲响应和方差分解，认为影响我国物价波动的主要因素是技术冲击，通货膨胀的大部分波动可以由货币政策冲击解释。隋建利、刘金全和庞春阳（2011）基于新凯恩斯 DSGE 模型，利用我国 1992～2009 年期间的数据，认为我国"太阳黑子"冲击和货币政策冲击都较小，而需求冲击和供给冲击的作用较大。王艺明、蔡昌达（2012）基于符合中国经济特征的新凯恩斯 DSGE 模型，研究发现紧缩性货币政策长期会导致物价下降，而对产出的影响长期是中性的。王祥、苏梽芳（2014）运用福利损失函数和脉冲响应研究我国最优货币政策选择问题，结果表明相较于利率规则，货币供给量规则的影响更持久，对福利损失的影响更大。李君妍、连飞（2015）基于包含利率预期冲击的新凯恩斯 DSGE 模型，研究了利率预期冲击对中国宏观经济波动的影响，结果表明利率预期冲击和非预期冲击对经济波动产生了同向影响，利率预期冲击的影响偏小，两者对经济波动影响之和大于生产率冲击。王曦等（2017）通过构建具有并行选择性和包容性特征的货币政策混合规则形式，并基于中型新凯恩斯 DSGE 模型，发现新的混合规则能更好地拟合中国经济的实际运行，央行使用具有并行选择特征的混合规则，可以提高调控效率，减少福利损失。概言之，无论在实证（是什么）还是在规范（应该是什么）的意义上，新构建的混合规则均优于利率规则或数量规则。

此外，还有学者从环境、土地、所得税等方面的外部冲击做了详细研究，这方面的研究可以参考徐文成、薛建宏和毛彦君（2015）、朱军（2013）、陈利峰（2015）等。

1.2.3　文献述评

可以看到，不论是理论上还是实证研究上，国内外学者对各因素与物价波动的关系以及 DSGE 模型的研究都相当丰富，这对建立开放经济 DSGE 模型的中国物价波动模拟的理论分析框架，探寻物价波动的传导机制，制定稳定物价的政策措施，促进经济健康发展，提高人民生活水平都具有重要的意义。然而从现有的国内外文献来看，仍然有一些问题需要进一步分析和探讨。

在各因素与物价波动关系的研究中可以看到：（1）国内外学者关于各因素对物价的影响以及作用机制的研究，难以达成一致意见，货币供给量、总需求、供给、汇率这几个因素对物价都有不同的影响，对于是否有影响以及影响程度如何随样本时期、地区和研究方法的不同而不同；
（2）在研究内容上，学者们需要回答各因素与物价波动之间是否相关、
相关程度如何、相关性随时间怎么变化以及物价对各影响因素是否存在
滞后效应，但是学者们主要研究其中部分问题，很难一次全面而系统地
回答这些问题，因而得出的结论并不能全面反映影响因素和物价之间的
相关程度，还有继续探讨空间。（3）研究多单纯利用计量方法研究各因
素与物价波动的关系，难以具体到我国市场经济发展的各个阶段以及物
价传导路径的各个方面。（4）现有文献中对物价的研究多采用 VAR、
SVAR 等传统计量模型，而没有采用更先进的经济计量方法，这种非结
构模型存在一些无法克服的缺点，进行政策模拟和分析时常常得到不可
靠的结果，经常受到卢卡斯批判，因此研究方法上也有待改进。

　　在 DSGE 模型的研究中可以看到：（1）由于开放经济的 DSGE 模型
的研究正处于起始阶段，因此模型的设定较为简单，对影响经济波动的
因素考虑不全面，尤其缺少关于各外生冲击向实体经济传导机制的深入
研究；（2）可以发现，现有文献中主要研究基于 DSGE 模型的各因素对
宏观经济波动的影响，而且宏观经济波动偏重 GDP 的波动，很少有文献
专门对物价波动的影响因素及传导机制进行研究，作为宏观经济波动的
一部分，受重视不够；（3）国内文献普遍采用校准参数的研究方法，通
过模拟变量的二阶矩与实际数据进行比较验证外生冲击对经济波动的解
释程度，研究手段较为单一，与国外研究存在较大差距，需要技术层面
更大突破；（4）运用开放经济的 DSGE 模型分析我国经济波动的文献并
不多见，即使有大多数主要考虑汇率问题，很少考虑各种冲击对经济波
动影响，我国对外开放已经进入了一个新的发展阶段，因此研究国内外
各种因素对中国宏观经济波动的影响已刻不容缓。

本研究构建了符合中国物价特征的开放经济 DSGE 模型，分别考虑了利率规则、数量规则、混合规则三种货币政策规则下本国消费偏好冲击、国外实际利率冲击、本国生产技术冲击、本国政府实际支出冲击、本国货币政策冲击、国外总需求冲击、国外物价冲击、外汇市场风险溢价冲击等国内外因素，探索了中国物价波动的来源，掌握了各因素影响物价波动的具体传导机制，制定了保持物价长期稳定的政策措施。

1.3 研究目标和内容

1.3.1 研究目标

本项研究主要运用经济学和统计学的相关原理，通过构建三种货币政策规则下开放经济 DSGE 模型，对中国物价波动进行模拟。根据研究需要依次引入本国利率冲击、货币余额需求及货币供应冲击、货币政策混合规则下的利率冲击，从实证角度，全面分析本国消费偏好冲击、国外实际利率冲击、本国生产技术冲击、本国政府实际支出冲击、本国名义利率冲击、国外总需求冲击、国外物价冲击及外汇市场风险溢价冲击等国内外因素对物价的影响途径，探讨各因素传导的数量规律性，并提出保持中国物价稳定的政策措施。

1.3.2 研究内容

本项研究由 7 章构成，其主要内容如下：

第 1 章为绪论，主要介绍了本项研究的选题背景、研究意义、文献综述以及本研究的目标、内容和方案。

第 2 章是货币政策利率规则下开放经济 DSGE 模型的设定。首先概述了开放经济 DSGE 模型的发展，包括开放经济 DSGE 模型的特征及研究进展；然后构建了一个适合中国国情的开放经济 DSGE 模型，对本国物价的动态性进行数量分析。模型包含本国居民部门、本国厂商部门、本国政府部门、国外部门四个部门。模型引入了消费习惯、价格黏性。模型中引入的外汇市场风险溢价因子，考虑了国外净资产与国内生产总值的比例对国外资产收益率的影响。模型采用扩展的泰勒规则描述央行利率政策。

第 3 章是对模型进行求解和模拟。包括模型的稳态及对数线性化、参数估计及评估、脉冲响应分析及方差分解。模型稳态参数的确定主要采用校准的方法，动态参数的确定主要采用基于 MCMC 的贝叶斯估计方法。本研究利用此开放经济 DSGE 模型研究了本国消费偏好冲击、国外实际利率冲击、本国生产技术冲击、本国政府实际支出冲击、本国利率冲击、国外总需求冲击、国外物价冲击、外汇市场风险溢价冲击对我国物价波动的传导机制及影响程度。

第 4 章构建了一个包含本国货币供应冲击的适合中国国情的开放经济 DSGE 模型，研究了货币政策供应量规则下各因素对本国物价的传导机制及影响程度。

第 5 章在第 4 章模型的基础上，构建了一个包含货币政策混合规则的适合中国国情的开放经济 DSGE 模型，研究了在货币政策混合规则下各因素对本国物价的传导机制及影响程度。

第 6 章是根据分析结果分别从供给、货币政策与财政政策角度两个方面进行政策体系设计。

第 7 章是结论与展望部分。总结了本书主要结论，提出进一步的研究展望。

1.4 研究方案

本书的具体技术路线如图 1 - 1 所示。

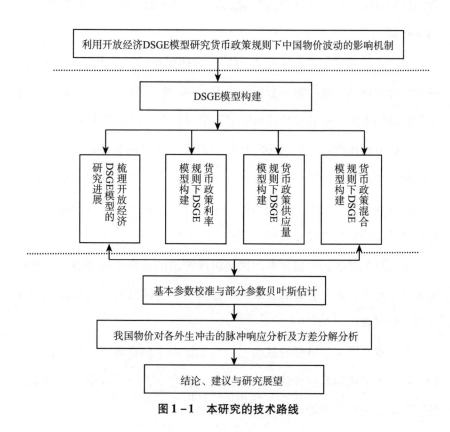

图 1 - 1　本研究的技术路线

第 2 章

利率规则下开放经济 DSGE 模型的设定

开放经济 DSGE 模型具有理论上的微观基础，并引入动态随机分析，随着更多现实经济因素的加入，该模型更加符合现实经济，解释现实经济问题更具有优越性。本部分在阐述开放经济 DSGE 模型发展进程的基础上，介绍了货币政策利率规则下基于小国开放经济 DSGE 模型的构建。

2.1 开放经济 DSGE 模型的发展概述

开放经济 DSGE 模型的特征主要表现在开放性、动态性、随机性和一般均衡性四个方面，梳理了新开放经济宏观经济学—动态随机一般均衡（NOEM - DSGE）模型开创以来国内外的研究进展。

2.1.1　开放经济 DSGE 模型的特征

开放性、动态性、随机性和一般均衡性是开放经济动态随机一般均衡模型（开放经济 DSGE 模型）的四大鲜明特征。

开放经济 DSGE 模型的开放性特征是与封闭经济相对应的，开放性指的是模型中各行为主体所处的经济环境是开放的，本国可以同国外进行贸易往来以实现资源的最优配置与经济的最高效率。开放型经济主张把国内经济市场与整个世界经济市场联系起来，积极参与国际分工，在国际分工中占有一席之地，充分发挥出自己的比较优势。一般情况下，经济发展水平和市场化程度越高的国家，越接近开放型经济。在经济全球化背景下，各国发展的主流选择是开放型经济。

动态性特征指的是模型中的经济主体考虑的是跨期最优选择，可以研究变量随时间变化的动态特征。总体来看，模型的动态特征来源于两个方面，一是外生变量的动态特性，二是内生变量的动态特征。对于外生变量的动态特征，模型的处理方式通常是先对外生变量取对数，然后假设其服从一阶或高阶自回归过程；对于内生变量的动态特征，由于依据经济主体的行为决策可以得到模型的动态调整机制，因此模型的动态调整机制具有坚定的理论基础，且宏微观是有机地结合在一起的。

随机性特征指的是经济系统会受到各种外生随机冲击的影响，模型考虑了经济主体对未来的"理性预期"，远离了传统凯恩斯主义的动物精神[1]。

---

[1]　动物精神实际上是非理性动机和非理性行为的代名词，动物精神理论坚持，尽管人类大多数经济行为源自理性的经济动机，但也有许多经济行为受动物精神的支配，即人们总是有非经济方面的动机，在追求经济利益时，并非总是理性的，人们的理性有可能被动物精神支配。

一般均衡性特征指的是在所有经济主体的行为相互作用、相互影响下满足市场出清，在市场出清的条件下内生决定产出、物价等关键宏观经济变量，使得经济系统达到均衡状态。

2.1.2　开放经济 DSGE 模型的研究进展

奥布斯特菲尔德和罗果夫（Obstfeld & Rogoff，1995）开创性提出的 OR 模型（也称 Redux 模型），成为新开放经济宏观经济学研究的起点，也将新凯恩斯主义理论扩展到了开放经济下的宏观经济学。OR 模型建立的是两国动态一般均衡模型，假设名义价格黏性和商品市场垄断竞争，引入微观主体跨期最优化决策分析，能够避免"卢卡斯批判"。在其后的研究中，随着不确定因素的考虑和动态随机分析的引入，逐渐形成新开放经济宏观经济学 – 动态随机一般均衡（NOEM – DSGE）模型分析框架。目前开放经济的 DSGE 模型一般被称为 NOEM – DSGE 模型。

根据 NOEM – DSGE 模型产生以来的研究领域，下面我们主要从货币政策规则、财政政策规则以及汇率政策等方面对国内外开放经济 DSGE 模型的进展进行阐述。

1. 国外关于开放经济 DSGE 模型的研究

克拉里达（Clarida et al.，2002）使用两国 NOEM – DSGE 模型研究发现，在相机抉择的条件下，两个经济上依赖的国家进行货币政策合作对双方都有好处。一国在制定货币政策时应该考虑国外经济情况，尤其是国外价格的传导性，当国外价格波动时会对国内经济造成冲击。同时得出，浮动汇率比固定汇率更有优势[①]。

加利和莫纳塞利（Gali & Monacelli, 2005）将 DSGE 模型推广到开放经济下，构建了小型开放经济模型，在模型中引入了名义价格黏性，比较分析了国内通胀的泰勒规则、基于 CPI 的泰勒规则和盯住汇率的目标制规则的社会福利情况，结果表明社会福利损失最小的是国内通胀的泰勒规则[②]。

卢比克和朔尔菲德（Lubik & Schorfheide, 2007）建立了澳大利亚、加拿大、新西兰和英国四国的开放经济 DSGE 模型，使用贝叶斯方法估计，研究了这四国的货币政策规则，发现除加拿大外，澳大利亚、新西兰和英国的中央银行货币政策都不取决于名义汇率。

贾斯蒂尼亚诺和普雷斯顿（Justiniano & Preston, 2010）采用三个小型开放经济模型对澳大利亚、加拿大和新西兰三国的最优货币政策进行研究，通过比较一组泰勒规则，发现最优货币政策不对名义汇率作出响应。

阿尔梅达等（Almeida et al., 2010）研究发现在代表性消费者是"非李嘉图等价"[③] 的情况下，增加公共消费的政策在短期会增加产出，但会造成长期成本大于短期收益。

本克和雅卡布（Benk & Jakab, 2012）基于匈牙利的数据建立小国开放经济 DSGE 模型，研究得出在标准"新凯恩斯主义"DSGE 模型中，

---

① 固定汇率与浮动汇率是相对而言的，固定汇率是指本国货币与其他国家货币之间维持一个固定比率，汇率波动只能限制在一定范围内，由官方干预来保证汇率的稳定；浮动汇率指一国货币同他国货币的兑换比率没有上下限波动幅度，而由外汇市场的供求关系自行决定。

② 泰勒规则是一种货币政策规则，根据该规则，中央银行将利率设定为通货膨胀和产出对其自然水平的偏离的函数。

③ 李嘉图等价定理认为，征税和政府借款在逻辑上是相同的。

财政巩固框架下的政策结构具有经济抑制效应，政策调整的公信力对产出扩张效应的发挥有着重要的作用。

乌里韦（Uribe，2012）基于开放经济 DSGE 模型，研究了对经济增长造成影响的产出效率冲击与利率冲击，并探讨了经济开放和主权国过度借贷中的财政政策问题。

2. 国内关于开放经济 DSGE 模型的研究

刘斌（2008）基于开放经济下的 DSGE 模型，检验了银行在经济波动中的"金融加速器"效应，研究发现增加政府支出会增加总需求及总产出，利率上升会对私人消费和投资造成挤出效应。

侯克强和陈万华（2009）构建了一个小国开放经济 DSGE 模型，利用贝叶斯估计方法，通过对加拿大货币政策传导机制的研究得出结论，加拿大和美国的货币政策均对加拿大的经济波动周期有显著影响。

张杰平（2012）基于开放经济 DSGE 模型，通过比较我国不同货币政策规则效果，研究发现混合规则下的货币政策效果强于单一使用货币供应量规则或利率规则，因此混合货币政策规则更适合我国。

朱军（2013）通过构建开放经济宏观财政 DSGE 模型，基于中国的数据研究了开放经济中的货币规则及其效应，结果表明开放经济中财政政策的即期"乘数效应"相对较小；由于"连续支出规则"与"盯住产出规则"的产出效应类似，要发挥政府的主导性，可利用"盯住产出规则"。同时，朱军（2013）还研究了开放经济中的"政策协调政策"，结果发现相对于提供"预防拨备支出"，采用"相机抉择"的财政刺激计划更能稳定宏观经济。

张伟进和方振瑞（2014）通过构建一个符合中国经济特性的开放经

济体系动态随机一般均衡（DSGE）模型，并基于 1997 ~ 2013 年季度数据进行贝斯估计。研究结果表明模型可以很好地匹配主要宏观变量的数据特性，我国通货膨胀波动最主要解释因素依次为生产技术冲击、货币政策冲击及国外价格冲击。

陈师、郑欢和郭丽丽（2015）通过建立一个引入有管理的浮动汇率制的开放经济中型 DSGE 模型，研究表明模型能拟合货币政策冲击的驼峰型反应，目标区间利率规则有最优的经验表现；在易变性和福利损失方面，利率规则优于数量规则，汇率渠道会放大货币政策的宏观效应，对实际汇率做出反应优于不做反应或对名义汇率做出反应；在利率规则下，增加政策工具变化的持续性、放松对汇率变化的干预会增进社会福利，在数量规则下，降低工具的持续性、加强汇率干预将增进福利。

连飞（2016 年）通过构建一个符合中国实际情况的开放经济 DSGE 模型，研究表明当人民币汇率冲击导致经济波动时，数量型规则比价格型规则对烫平经济波动的作用更有效，且能够更好地减小社会福利损失。因此，在货币政策逐渐从数量型向价格型转变的过程中，仍然不能放弃数量型工具的使用，综合运用数量和价格两种调控手段对于转型中的中国而言是比较合适的选择。

关于开放经济 DSGE 模型的应用研究，国外学者的研究比较丰富，而我国尚处于起步阶段，相关研究成果不足（特别是开放经济下的财政政策研究少之又少），即使有也主要是借鉴国外学者，不能很好地符合中国国情。因此，有必要根据中国的实际情况建立开放经济 DSGE 模型，特别是考虑开放经济下的货币政策、财政政策和汇率等因素，找到影响中国物价波动的影响因素和传导机制，制定稳定物价的最优政策组合。

2.2 利率规则下开放经济 DSGE 模型的构建

目前开放经济 DSGE 模型主要有两国模型、多国模型和小国开放经济模型。就中国本身来说虽然是大国，但相对整个世界而言，中国就成了小国，因此本研究建立的是小国开放经济模型。在小国开放经济模型中假定许多小国开放经济组成了世界经济，每个国家有相同的消费偏好、市场结构以及生产技术等，并且每个国家自己的政策都不会对世界上其他国家产生影响。在模型中国内经济变量一般用下标 H 表示，国外相关变量一般用上标 ∗ 或下标 F 表示。为使本项研究所构建的模型更加符合中国的经济情况，对所借鉴的加利和莫纳塞利（Gali & Monacelli，2005）、贾斯蒂尼亚诺和普雷斯顿（Justiniano & Preston，2010）、张杰平（2012）以及王家玮（2012）建立的开放经济 DSGE 模型进行了一定程度的改进。模型中主要包括本国家庭部门、本国厂商部门、本国政府部门以及国外部门四个部门，具体模型构建如下。

2.2.1 本国家庭的效用最大化行为

假设本国家庭部门由无穷同质且生命可以无限延续的家庭单位构成[①]，本国家庭单位需要作出一系列决策以最大化其一生的效用，这些决

[①] 认为"家庭单位生命可以无限延续的假设"成立，是因为在宏观经济的整个历史发展过程中，家庭单位不断进行着生命繁衍，在时间上保持着永久的消费需求和劳动力供给，因此认为此假设是可行的。

策包括消费决定、劳动供给以及资产持有决定等。在消费决策方面，本国家庭单位进行商品消费，选择国内生产的消费品和从国外进口的消费品组合以使自身效用最大化，效用函数中引入了消费习惯因素。在劳动力供给方面，假设各个家庭单位提供的劳动是不一样的，存在处于垄断竞争状态的劳动力市场，在劳动力需求约束下，本国家庭对工资有一定的定价权。在资产选择方面，可供本国家庭单位选择的资产包括本国债券和国外债券，本国家庭单位要对本国债券和国外债券进行合理配置使其效用最大化。

假设本国家庭在预算约束下需要最大化其跨期效用函数，且效用函数满足加性可分特征①，且包括消费和劳动供给两个变量，本国家庭从消费商品中获得正效用，在提供劳动时获得负效用，效用函数具体形式如下：

$$E_0 \sum_{t=0}^{\infty} \beta^t \left[b_t \frac{\sigma}{\sigma-1} (C_t - hC_{t-1})^{\frac{\sigma-1}{\sigma}} - \frac{\phi}{\phi+1} N_t^{\frac{\phi+1}{\phi}} \right] \tag{2.1}$$

其中，E_0 为数学期望，$\beta \in (0, 1)$ 为贴现因子，本国家庭最大化的是其一生效用的现值。参数 σ、ϕ 均大于 0，其中 σ 为消费的跨期替代弹性，ϕ 为本国家庭的劳动供给弹性，h 为消费习惯形成参数；N_t 为第 t 期本国家庭提供的劳动。C_t 为本国居民的实际消费需求，假设由国内消费品和进口消费品构成，且具有不变替代弹性，因此采用常替代弹性（CES）函数②形式，具体形式如下：

---

① 效用的加性可分特征是指假设有两种（或者两期）消费品 X_1 和 X_2，如果效用函数 $U(X_1, X_2)$ 可以表示为：$U(X_1, X_2) = F(X_1) + G(X_2)$，那么该效用函数就是加性可分的，反之则是不可分的。

② Constant Elasticity of Substitution（CES）函数最大特点是不变价格弹性，即弹性不随自变量变化而变化，并且函数形式多用来做基于异质性个体的研究。

$$C_t = \left[\alpha^{\frac{1}{\rho}} \left(C_{H,t} \right)^{\frac{\rho-1}{\rho}} + (1-\alpha)^{\frac{1}{\rho}} \left(C_{IM,t} \right)^{\frac{\rho-1}{\rho}} \right]^{\frac{\rho}{\rho-1}} \qquad (2.2)$$

其中，$\alpha(0 < \alpha < 1)$ 为第 t 期国内消费品偏好系数，衡量了第 t 期国内消费占总消费的比例，$(1-\alpha)$ 是进口消费品占总消费的比例。$\rho(0 < \rho < +\infty)$ 表示国内消费品和进口消费品之间的替代弹性。对本国家庭实际消费的各个组成部分进行分解，可得到国内消费品和进口消费品的最优分配，如下所示：

$$C_{H,t} = \alpha \left(\frac{P_{H,t}}{P_t} \right)^{-\rho} C_t \qquad (2.3)$$

$$C_{IM,t} = (1-\alpha) \left(\frac{P_{IM,t}}{P_t} \right)^{-\rho} C_t \qquad (2.4)$$

其中 $P_{H,t}$、$P_{IM,t}$ 分别表示国内商品价格水平和进口商品价格水平，P_t 为本国消费者物价水平。相应的，本国消费者物价水平 P_t 为：

$$P_t = \left[\alpha (P_{H,t})^{1-\rho} + (1-\alpha)(P_{IM,t})^{1-\rho} \right]^{\frac{1}{1-\rho}} \qquad (2.5)$$

本国消费偏好冲击 b_t 服从平稳的一阶自回归 AR（1）过程：

$$\ln b_t = (1-\rho_b) \ln \overline{b} + \rho_b \ln b_{t-1} + e_{b,t} \qquad (2.6)$$

其中，$0 < \rho_b < 1$，$\overline{b}$ 为稳态时的本国消费偏好冲击，$e_{b,t}$ 是具有 0 均值、标准误为 σ_b 的 $i.i.d.$ 正态分布。

家庭在最大化其一生效用时受到的跨期预算约束如下：

$$W_t N_t + B_{H,t-1}(1+R_{t-1}) + ne_t B_{F,t-1}^* \Psi(s_{t-1})(1+R_{F,t-1}^*) + DIV_t \geq$$

$$P_t C_t + B_{H,t} + ne_t B_{F,t}^* + T_t \qquad (2.7)$$

其中，$B_{F,t}^*$ 为第 t 期末家庭单位持有的国外债券名义余额；$\Psi(s_{t-1})$

为外汇市场风险溢价①因子；ne_t 为第 t 期直接标价法表示的名义汇率；$B_{H,t}$ 为第 t 期末家庭单位持有的本国债券名义余额；T_t 为第 t 期家庭单位向政府缴纳的一次性名义总赋税；$R^*_{F,t-1}$ 为从第 $t-1$ 期末持有国外债券至第 t 期末的名义利率，即国外名义利率；R_{t-1} 为从 $t-1$ 期末持有本国债券至第 t 期末的名义利率，即本国名义利率；第 t 期总的工资收入为 $W_t N_t$；DIV_t 为第 t 期家庭从企业获得的利润转移支付。

在开放经济中引入外汇市场风险溢价因子是因为，一国的国外净资产规模越大，该国所面临的外汇市场风险越大，导致从国外净资产中得到的实际收益率越低，这也使得一国的国外净资产规模不可能无限扩大。本项研究假设外汇市场风险溢价因子为国外净资产相对规模的减函数，一方面考虑到一国的经济总量决定了一定程度的风险承受能力，另一方面也是为了计算方便，在 DSGE 模型中，需要利用泰勒（Taylor）公式将非线性模型在稳态附近进行线性展开，而泰勒公式成立的前提条件是自变量取值位于稳态附近的一个非常小的领域内，现实中我国的国外净资产的绝对规模和波动幅度却十分庞大，此时利用泰勒公式进行线性化处理将出现较大偏差，采用国外净资产相对规模就比较合适。本项研究中外汇市场风险溢价因子 $\Psi(s_t)$ 为国外净资产占国内生产总值比例 s_t 的减函数，具有如下形式：

$$\Psi(s_t) = \mu_t \exp(-\eta s_{t-1}) \tag{2.8}$$

其中 s_t 为国外净资产占国内生产总值的比例：$s_t = \dfrac{B^*_{F,t} ne_t}{GDP_t}$，$\eta > 0$ 为

---

① 外汇市场风险溢价指的是外汇市场的风险补偿机制，即如果一个外汇投资项目面临的风险比较大的，它相应的就需要较高的报酬率，风险与报酬成正比. 外汇市场风险溢价是相对于无风险报酬而言的。

外汇市场风险溢价对国外净资产占国内生产总值的比例的变动的反应参数。μ_t 为一扰动项，假设 μ_t 满足如下 $AR(1)$ 过程：

$$\ln \mu_t = (1 - \rho_\mu)\ln \bar{\mu} + \rho_\mu \ln \mu_{t-1} + e_{\mu,t}, \quad e_{\mu,t} \sim N(0, \sigma_\mu^2) \qquad (2.9)$$

其中 $\bar{\mu}$ 为 μ_t 的稳态值，$0 < \rho_\mu < 1$，$e_{\mu,t}$ 为外汇市场风险溢价冲击。

假设家庭预算约束对应的拉格朗日乘子为 λ_t，对式（2.1）和式（2.7）构造拉格朗日（Lagrange）函数，即：

$$L = E_0 \sum_{t=0}^{\infty} \beta^t \left[b_t \frac{\sigma}{\sigma - 1}(C_t - hC_{t-1})^{\frac{\sigma-1}{\sigma}} - \frac{\phi}{\phi + 1}N_t^{\frac{\phi+1}{\phi}} \right] +$$

$$\lambda_t \left[(W_t N_t + B_{H,t-1}(1 + R_{t-1}) + ne_t B_{F,t-1}^* \Psi(s_{t-1}) \right.$$

$$\left. (1 + R_{F,t-1}^*) + DIV_t - B_{H,t} - ne_t B_{F,t}^* - T_t)/P_t - C_t \right]$$

$$(2.10)$$

对拉格朗日函数分别求关于消费、劳动和债券持有量偏导，化简后可得到家庭决策行为的一阶条件。

本国家庭消费的一阶条件：

$$b_t(C_t - hC_{t-1})^{-\frac{1}{\sigma}} - \beta h E_t \left[b_{t+1}(C_{t+1} - hC_t)^{-\frac{1}{\sigma}} \right] = \lambda_t \qquad (2.11)$$

国内债券市场一阶条件：

$$\lambda_t = \beta(1 + R_t)E_t(\lambda_{t+1})\frac{1}{E_t(\pi_{t+1})} \qquad (2.12)$$

其中，$\pi_{t+1} = \dfrac{P_{t+1}}{P_t}$ 为本国消费物价指数。

定义国内实际利率 r_{t-1} 为：

$$1 + r_{t-1} = \frac{1 + R_{t-1}}{\pi_t} \qquad (2.13)$$

则国内债券一阶条件化为：

$$\lambda_t = \beta(1 + r_t)E_t(\lambda_{t+1}) \qquad (2.14)$$

国外债券的一阶条件:

$$\lambda_t = \beta(1 + R^*_{F,t}) E_t(\lambda_{t+1}) \Psi(s_t) \frac{1}{E_t(\pi_{t+1})} \frac{E_t(ne_{t+1})}{ne_t} \qquad (2.15)$$

定义国外实际利率 $r^*_{F,t-1}$ 为:

$$1 + r^*_{F,t-1} = \frac{1 + R^*_{F,t-1}}{\pi^*_t} \qquad (2.16)$$

将实际汇率 re_t 和国外实际利率 $r^*_{F,t}$ 代入国外债券的一阶条件得到:

$$\lambda_t = \frac{\beta(1 + r^*_{F,t}) E_t(\lambda_{t+1} re_{t+1})}{re_t} \Psi(s_t) \qquad (2.17)$$

假定国外实际利率 $r^*_{F,t}$ 服从 $AR(1)$ 过程:

$$\ln r^*_{F,t} = (1 - \rho_{r^*_F}) \ln \overline{r^*_F} + \rho_{r^*_F} \ln r^*_{F,t-1} + e_{r^*_F,t} \qquad (2.18)$$

其中, $\overline{r^*_F}$ 为稳态时的国外实际利率, $\rho_{r^*_F}$ 表示国外实际利率持续性程度, $e_{r^*_F,t}$ 表示反映国外实际利率的随机干扰因素, $e_{r^*_F,t} \sim N(0, \sigma^2_{r^*_F})$。

国内劳动力供给一阶条件:

$$(N_t)^{\frac{1}{\phi}} = \lambda_t \frac{W_t}{P_t} \qquad (2.19)$$

为了后文计算方便, 以本国消费物价水平 P_t 为基准换算如下:

$$p_{h,t} = \frac{P_{H,t}}{P_t} \qquad (2.20)$$

$$p_{IM,t} = \frac{P_{IM,t}}{P_t} \qquad (2.21)$$

$$w_t = \frac{W_t}{P_t} \qquad (2.22)$$

2.2.2 本国厂商的利润最大化行为

假设本国厂商部门由连续分布于 [0, 1] 区间内的本国厂商构成,每个厂商只生产一种产品，不同厂商的产品存在一定差异，因此每个厂商都获得了一定的垄断能力，产品市场处于垄断竞争状态。假设第 t 期国内外市场对国内生产的第 i 种产品的总需求量（包括来自国内的需求和来自国外的需求）为 $AD_t(i)$，第 t 期国内外市场对国内生产的产品的总需求可以通过 Dixit – Stiglitz 需求函数加总为一个国内产品的复合总需求指数 AD_t：

$$AD_t = \left\{ \int_0^1 \left[AD_t(i) \right]^{\frac{\varepsilon_{p,t}-1}{\varepsilon_{p,t}}} \mathrm{d}i \right\}^{\frac{\varepsilon_{p,t}}{\varepsilon_{p,t}-1}} \tag{2.23}$$

其中 $\varepsilon_{p,t}(0 < \varepsilon_{p,t} < \infty)$ 为国内生产的不同产品之间的替代弹性，$\varepsilon_{p,t}$ 越大，产品之间越容易替代；同时 $\varepsilon_{p,t}$ 也衡量了国内产品市场的垄断程度。

国内外市场对国内生产的产品的消费总需求可以分解为本国家庭对国内产品的消费需求 $C_{H,t}$，本国政府对国内产品的消费需求 $G_{H,t}$ 以及国外对国内产品的需求，即出口需求 EX_t，可得：

$$AD_t = C_{H,t} + G_{H,t} + EX_t \tag{2.24}$$

国内产品价格水平 $P_{H,t}$ 为：

$$P_{H,t} = \left\{ \int_0^1 \left[P_{H,t}(i) \right]^{1-\varepsilon_{p,t}} \mathrm{d}i \right\}^{\frac{1}{1-\varepsilon_{p,t}}} \tag{2.25}$$

其中 $P_{H,t}(i)$ 为第 t 期国内第 i 种产品的价格水平。定义第 t 期国内消费价格指数 $\pi_{h,t}$ 为：

$$\pi_{h,t} = P_{H,t}/P_{H,t-1} \tag{2.26}$$

第 t 期对第 i 种国内产品的需求 $AD_t(i)$ 与总需求 AD_t 的关系为：

$$AD_t(i) = (P_{H,t}(i)/P_{H,t})^{-\varepsilon_p} AD_t \tag{2.27}$$

在开放经济下，假设一个代表性的本国厂商进行生产时，不仅需要从家庭部门雇佣劳动力，还需要进口中间投入品，麦卡勒姆和纳尔逊（McCallum & Nelson, 2000）就证明了将部分进口产品处理成中间投入品能显著提高模型拟合程度。另外由于生产函数中考虑进口中间投入品后，就不再单纯是增加值的生产函数了，在其得到的产量中包括增加值和进口中间投入品的价值。根据我国的实际情况，假设本国厂商的生产函数为固定要素投入比例生产函数，即在生产过程中劳动与中间投入品之间完全不可替代，假设其生产函数具有如下形式：

$$Y_t(i) = \min\{(A_t N_t(i))/(1-\omega),\ IM_t(i)/\omega\} \qquad (2.28)$$

其中，$N_t(i)$ 为第 t 期第 i 个本国厂商所雇佣的同质劳动量，ω 为进口中间投入品的投入比例，A_t 代表厂商的生产技术水平，本研究假定生产技术水平服从 $AR(1)$ 过程：

$$\ln A_t = (1-\rho_A)\ln\bar{A} + \rho_A \ln A_{t-1} + e_{A,t} \qquad (2.29)$$

其中，$\bar{A}$ 为稳态时的生产技术水平，表示反映生产技术水平的随机干扰因素，$e_{A,t} \sim N(0,\ \sigma_A^2)$。

依据成本最小化原则可以确定最优要素投入，解最优化问题可以得到本国厂商部门总产量与要素投入总量之间的关系为：

$$Y_t = (A_t N_t)/(1-\omega) = IM_t/\omega \qquad (2.30)$$

得到本国厂商部门总要素需求方程为：

$$N_t = (1-\omega)(Y_t/A_t) \qquad (2.31)$$

$$IM_t = \omega Y_t \qquad (2.32)$$

本国厂商部门的名义边际成为：

$$MC_t = (1-\omega)(W_t/A_t) + \omega P_{IM,t} \qquad (2.33)$$

上式两边同时除以 P_t 可以得到本国厂商的实际边际成本为：

$$mc_t = (1-\omega)(w_t/A_t) + \omega p_{IM,t} \qquad (2.34)$$

假设本国厂商对自己的产品具有一定的定价能力，本国厂商根据卡尔沃（Calvo，1983）提出的方式调整名义价格，每个本国厂商只在收到价格优化信号时才会按照利润最大化原则重新确定价格。假设每一期本国厂商调整产品价格的概率为 $1-\theta$，因此每期有 $1-\theta$ 比例的本国厂商调整价格，θ 比例的本国厂商价格将盯住上一期国内产品市场物价指数。利用利润最大化原则可以确定价格，则本国厂商定价行为可以由下列最优化问题描述：

$$\max E_t \sum_{k=0}^{\infty} \left[(\beta\theta)^k Y_t(i) (p_{h,t+k}(i) - mc_{t+k}) \right] \qquad (2.35)$$

$$\text{s. t. } Y_t(i) = (p_{h,t}(i)/p_{h,t})^{-\varepsilon_p} Y_t$$

$$p_{h,t+1}(i) = p_{h,t}(i) \frac{\pi_{h,t}}{\pi_{t+1}}$$

上式中 $p_{h,t}(i)$ 为第 t 期第 i 种商品的相对价格；$Y_t(i)$ 为第 t 期第 i 种商品的产量；Y_t 为第 t 期商品总产量；π_t 为第 t 期本国居民消费者物价指数。令 $\tilde{p}_{h,t}$ 代表所有在 t 时期调整的本国厂商所选择的最优价格。利用需求函数，那么关于最优 $\tilde{p}_{h,t}$ 选择的一阶条件为：

$$\tilde{p}_{h,t} = \frac{E_t \sum_{k=0}^{\infty} \left\{ (\beta\theta)^k \lambda_{t+k} \frac{\varepsilon_p}{\varepsilon_p-1} mc_{t+k} \Gamma_{t+k}^{-\varepsilon_p} \prod_{t+k}^{\varepsilon_p} Y_{t+k} \right\}}{E_t \sum_{k=0}^{\infty} \left\{ (\beta\theta)^k \lambda_{t+k} \Gamma_{t+k}^{1-\varepsilon_p} \prod_{t+k}^{\varepsilon_p} Y_{t+k} \right\}} \qquad (2.36)$$

其中：

$$\prod_{t+k} = \begin{cases} \dfrac{\pi_{h,t+1}\pi_{h,t+2}\cdots\pi_{h,t+k}}{\pi_{t+1}\pi_{t+2}\cdots\pi_{t+k}}, & k > 0 \\ 1, & k = 0 \end{cases} \qquad (2.37)$$

$$\Gamma_{t+k} = \begin{cases} \dfrac{\pi_{h,t}\pi_{h,t+1}\cdots\pi_{h,t+k-1}}{\pi_{t+1}\pi_{t+2}\cdots\pi_{t+k}}, & k > 0 \\ 1, & k = 0 \end{cases} \qquad (2.38)$$

令
$$ha_t = \sum_{k=0}^{\infty} \left\{ (\beta\theta)^k \lambda_{t+k} \Gamma_{t+k}^{1-\varepsilon_p} \prod_{t+k}^{\varepsilon_p} Y_{t+k} \right\}$$

$$= \lambda_t Y_t + \beta\theta \frac{\pi_{h,t}}{\pi_{t+1}} \left(\frac{\pi_{h,t}}{\pi_{h,t+1}} \right)^{-\varepsilon_p} ha_{t+1} \qquad (2.39)$$

$$hb_t = \sum_{k=0}^{\infty} \left\{ (\beta\theta)^k \lambda_{t+k} \frac{\varepsilon_p}{\varepsilon_p - 1} mc_{t+k} \Gamma_{t+k}^{-\varepsilon_p} \prod_{t+k}^{\varepsilon_p} Y_{t+k} \right\}$$

$$= \lambda_t \frac{\varepsilon_p}{\varepsilon_p - 1} mc_t Y_t + \beta\theta \left(\frac{\pi_{h,t}}{\pi_{h,t+1}} \right)^{-\varepsilon_p} hb_{t+1} \qquad (2.40)$$

则有：

$$\tilde{p}_{h,t} E_t(ha_t) - E_t(hb_t) = 0 \qquad (2.41)$$

结合卡尔沃（Calvo，1983）定价策略以及 $\pi_{h,t}$ 的定义，有下式成立：

$$p_{h,t} = \left\{ (1-\theta)(\tilde{p}_{h,t})^{1-\varepsilon_p} + \theta \left(\frac{\pi_{h,t-1}}{\pi_t} p_{h,t-1} \right)^{1-\varepsilon_p} \right\}^{\frac{1}{1-\varepsilon_p}} \qquad (2.42)$$

$$\pi_{h,t} = \left\{ (1-\theta) \left(\frac{\tilde{p}_{h,t}}{p_{h,t}} \pi_{h,t} \right)^{1-\varepsilon_p} + \theta(\pi_{h,t-1})^{1-\varepsilon_p} \right\}^{\frac{1}{1-\varepsilon_p}} \qquad (2.43)$$

2.2.3　本国政府的行为决策

本研究的本国政府部门是指既包括政府又包括中央银行的广义政府。假设本国政府实际支出的商品结构与本国家庭实际消费的商品结构完全一致，则第 t 期本国政府实际支出 G_t 为：

$$G_t = \left[\alpha^{\frac{1}{\rho}} (G_{H,t})^{\frac{\rho-1}{\rho}} + (1-\alpha)^{\frac{1}{\rho}} (G_{IM,t})^{\frac{\rho-1}{\rho}} \right]^{\frac{\rho}{\rho-1}} \qquad (2.44)$$

其中，$G_{H,t}$ 是本国政府消费的国内商品，$G_{IM,t}$ 是本国政府消费的进口商品。对本国政府消费的各个组成部分进行分解，同理，可得到如下方程：

$$G_{H,t} = \alpha (p_{h,t})^{-\rho} G_t \qquad (2.45)$$

$$G_{IM,t} = (1 - \alpha)(p_{IM,t})^{-\rho} G_t \qquad (2.46)$$

假设本国政府的收入来源于税收、本国债券的发行，收入的运用包括对国内商品和进口商品的购买以及支付到期债券利息。假设本国政府始终保持平衡预算，则本国政府的预算约束为：

$$T_t + B_{H,t+1} - B_{H,t} = P_t G_t + B_{H,t} R_t \qquad (2.47)$$

假设本国政府实际支出为外生的，服从 $AR(1)$ 过程：

$$\ln G_t = (1 - \rho_G) \ln \overline{G} + \rho_G \ln G_{t-1} + e_{G,t} \qquad (2.48)$$

其中 $\overline{G}$ 是稳态时本国政府实际支出，ρ_G 表示本国政府实际支出持续性程度。$e_{G,t}$ 为本国政府实际支出的外生冲击，且 $e_{G,t} \sim (0, \sigma_G^2)$。

中央银行的职责是利用货币政策实现既定的政策目标。这里采用新开放经济宏观经济学中广泛使用的扩展的泰勒（Taylor）利率规则来描述央行的货币政策，为检验货币政策中利率对汇率的反应，纳入了开放经济下的汇率因素，其相应的货币政策如下：

$$\ln(1 + R_t) = (1 - \rho_R)\ln(1 + \overline{R}) + \rho_R \ln(1 + R_{t-1}) + (1 - \rho_R)[\rho_\pi \ln(\pi_t / \overline{\pi})$$

$$+ \rho_{gdp}\ln(gdp_t / \overline{gdp}) + \rho_{ne}\ln(ne_t / \overline{ne})] + e_{R,t} \qquad (2.49)$$

其中，$e_{R,t}$ 为本国名义利率冲击，$e_{R,t} \sim (0, \sigma_R^2)$。$\overline{R}$、$\overline{\pi}$、$\overline{gdp}$ 分别为相应经济变量的稳态值。$0 < \rho_R < 1$、$\rho_\pi > 0$、$\rho_{gdp} > 0$、$\rho_{ne} > 0$ 为货币政策参数。ρ_R 的值处于 0 和 1 之间反映了货币政策的持续性，其值越接近于 l 说明货币政策的持续性越强，越接近于 0 则说明货币政策的持续性越弱。为防止经济过分剧烈波动，使货币当局对名义利率进行平滑地调整，将名义利率滞后项引入其中。ρ_π 的值大于 0 意味着当本国居民消费物价指数高于稳态水平时，央行将提高本国名义利率以抑制物价，当本国消费物价指数低于稳态水平时，央行将降低本国名义利率以防止物价下降。ρ_{gdp} 的值大于 0 意味着当实际国内生产总值高于其稳态值时，央行将提高本国名义利率以抑制经济过热，当实际国内生产总值低于其稳态值时，央行将降低本国名义利率以刺激经济。ρ_{ne} 的值大于 0 意味着央行对汇率进行干预。当 ρ_{ne} 的值趋于无穷大时，意味着央行实行固定汇率制度。当 ρ_{ne} 的值无限趋近于 0 时，意味着央行实行完全浮动汇率制度。当 ρ_{ne} 的值为有限的正数时，意味着央行实行有管理的浮动汇率制度，此时如果汇率变动率高于稳态水平，央行将提高本国名义利率，如果汇率低于稳态水平，央行将降低本国名义利率。

2.2.4　国外部门的行为决策

假设国外对国内产品的需求即出口需求为 EX_t，由上文知国内产品价格水平为 $P_{H,t}$。国内产品的出口需求即为国外对国内产品的进口需求。假设第 t 期国外总需求为 X_t^*，则国外对国内产品的需求 EX_t 与国外总需求 X_t^* 之间的关系为：

$$EX_t = \alpha^* \left(\frac{P_{H,t}/ne_t}{P_t^*} \right)^{-\rho^*} X_t^* \qquad (2.50)$$

其中 P_t^* 为第 t 期国外消费物价水平；α^* 为国外进口品偏好系数，它衡量了第 t 期国外对国内产品的进口需求在国外总需求中所占的比重；ρ^* 为国外产品与本国出口产品之间的替代弹性，为简化模型，假设 $\rho^* = \rho$。假设上式中 X_t^* 为外生冲击过程，满足如下方程：

$$X_t^* = (1 - \rho_{X^*}) \ln \overline{X^*} + \rho_{X^*} \ln X_{t-1}^* + e_{X^*}, \quad e_{X^*} \sim N(0, \sigma_{X^*}^2) \quad (2.51)$$

上式中 $\overline{X^*}$ 为 X_t^* 的稳态值，$0 < \rho_{X^*} < 1$，e_{X^*} 为国外总需求冲击。

假设国外消费物价指数为 π_t^*，则：

$$\pi_t^* = P_t^* / P_{t-1}^* \tag{2.52}$$

π_t^* 满足如下方程：

$$\pi_t^* = (1 - \rho_{\pi^*}) \ln \overline{\pi^*} + \rho_{\pi^*} \ln \pi_{t-1}^* + e_{\pi^*}, \quad e_{\pi^*} \sim N(0, \sigma_{\pi^*}^2) \tag{2.53}$$

其中 $\overline{\pi^*}$ 为 π_t^* 的稳态值；$0 < \rho_{\pi^*} < 1$，e_{π^*} 为国外消费物价指数冲击。

定义实际汇率 re_t 为：

$$re_t = \frac{ne_t P_t^*}{P_t} \tag{2.54}$$

名义汇率与实际汇率之间的关系为：

$$re_t / re_{t-1} = (ne_t / ne_{t-1})(\pi_t^* / \pi_t) \tag{2.55}$$

2.2.5　市场出清

本国对国内产品的总需求：

$$Q_{H,t} = C_{H,t} + G_{H,t} \tag{2.56}$$

本国对进口产品的总需求 $Q_{IM,t}$ 可以分解为本国家庭对进口产品的消费需求 $C_{IM,t}$，本国政府对进口产品的消费需求 $G_{IM,t}$，本国最终产品生产商对进口中间投入品的需求 IM_t：

$$Q_{IM,t} = C_{IM,t} + G_{IM,t} + IM_t \tag{2.57}$$

本国产品总需求 Q_t 由国内产品 $Q_{H,t}$ 和进口产品 $Q_{IM,t}$ 构成，且具有不变国内产品和进口产品替代弹性，即：

$$Q_t = \left[\alpha^{\frac{1}{\rho}} (Q_{H,t})^{\frac{\rho-1}{\rho}} + (1-\alpha)^{\frac{1}{\rho}} (Q_{IM,t})^{\frac{\rho-1}{\rho}} \right]^{\frac{\rho}{\rho-1}} \tag{2.58}$$

其中本国对国内产品的总需求 $Q_{H,t}$ 和本国对进口产品的总需求 $Q_{IM,t}$ 可分别表示为:

$$Q_{H,t} = \alpha \left(\frac{P_{H,t}}{P_t} \right)^{-\rho} Q_t \qquad (2.59)$$

$$Q_{IM,t} = (1-\alpha) \left(\frac{P_{IM,t}}{P_t} \right)^{-\rho} Q_t \qquad (2.60)$$

本国名义国内生产总值为:

$$GDP_t = (1-\omega) Y_t P_{H,t} \qquad (2.61)$$

上式两边同除以 P_t 得到第 t 期以相对价格表示的国内生产总值 gdp'_t 为:

$$gdp'_t = GDP_t / P_t = (1-\omega) Y_t p_{h,t} \qquad (2.62)$$

实际国内生产总值:

$$gdp_t = (1-\omega) Y_t \qquad (2.63)$$

本国名义净出口 NX_t:

$$NX_t = P_{H,t} EX_t - P_{IM,t} Q_{IM,t} \qquad (2.64)$$

本国名义净出口 NX_t 占名义国内生产总值 GDP_t 的比例 nx_t:

$$nx_t = NX_t / GDP_t = p_{h,t} (EX_t / gdp'_t) - p_{IM,t} (Q_{IM,t} / gdp'_t) \qquad (2.65)$$

产品市场出清条件:

$$Y_t = \int_0^1 Y_t(i) di = AD_t \int_0^1 [p_{h,t}(i)/p_{h,t}]^{-\varepsilon_p} di = sh_t (C_{H,t} + G_{H,t} + EX_t) \qquad (2.66)$$

其中,式(2.63)中变量 sh_t 的表达式如下:

$$sh_t = \int_0^1 [p_{h,t}(i)/p_{h,t}]^{-\varepsilon_p} di = (1-\theta)(\tilde{p}_{h,t}/p_{h,t})^{-\varepsilon_p} + \theta(\pi_{h,t-1}/\pi_{h,t})^{-\varepsilon_p} \qquad (2.67)$$

　　本章构建的开放经济 DSGE 模型中包含的经济主体有本国家庭、本国厂商、本国政府及国外部门。本国家庭在预算约束下最大化其终身效用，本国家庭部门向本国厂商提供劳动获取工资，分享本国厂商利润，购买本国厂商生产的最终消费品，购买本国政府发行的债券并向本国政府纳税。本国家庭需要根据自身效用最大化原则决策购买的国内消费品和进口消费品的最优组合以及国内债券和国外债券的最优分配，在效用函数中加入了消费习惯参数①。本国厂商部门的最优化决策分两步，一是根据成本最小化原则确定最优要素投入，二是根据利润最大化原则确定最优价格。本国厂商部门生产时不仅从本国家庭部门购买劳动力，还从国外购买进口中间投入品，生产的产品一部分在国内销售，一部分向国外出口，在获得的销售收入中，扣除劳动力成本，将超额利润转移支付给本国家庭部门。本国政府部门的收入来自本国家庭部门的税收和本国政府发行的债券，支出包括对国内产品和进口产品的消费购买以及支付到期债券利息。本国政府将利率作为货币政策工具，货币政策由扩展的利率规则描述。本国政府通过改变消费支出和利率货币政策对本国物价进行调控。国外部门考虑了对国内商品的进口，通过改变国外实际利率、国外总需求和国外物价指数影响本国物价。最后根据产品市场和债券市场出清条件等给出相应的表达式。本国物价指数用 π_t 表示，研究各种外部冲击对中国物价的传导。本章是利率规则下的 DSGE 模型，第 4 章引入的货币余额和货币供应量规则以及第 5 章引入的金融中介机构和货币政策混合规则，都是对此模型的改进和扩展。

---

　　① 具有习惯形成的效用函数可更好的描述货币冲击对消费的传导机制，这一点克里斯蒂亚诺等（Christiano et al.，2005）已有所论证。

第 3 章
利率规则下中国物价波动模拟研究

在设定好模型之后，为得到模型的动态方程，我们首先需要求出模型的稳态均衡，然后在稳态附近对模型进行对数线性化。然后对模型的参数进行估计，对反映模型稳态特性的有关参数采用校准法，对反映模型动态特性的有关参数采用贝叶斯估计。最后根据模型编程进行模拟，通过脉冲响应及方差分解分析各种外生冲击对中国物价波动产生的影响。

3.1 模型的稳态及对数线性化

本研究主要采用对数线性化近似方法将非线性模型转化为线性模型，对数线性化近似方法首先计算经济达到的稳态，在得到稳态解后，再进一步考察实际状态偏离稳态的程度，即考察相对变化。在进行对数线性化时,经常使用以下表达式。

对数个相乘变量的对数线性化来说,假如 $z_t = \prod_{i=1}^{n} x_{it}$,那么对数线性化后的表达式为:

$$\hat{z}_t = \sum_{i=1}^{n} \hat{x}_{it} \tag{3.1}$$

对数个相加变量的对数线性化来说,假设 $z_t = \sum_{i=1}^{n} x_{it}$,那么对数线性化后的表达式为:

$$\hat{z}_t = \sum_{i=1}^{n} \frac{\overline{x}_i}{\overline{z}} \hat{x}_{it} \tag{3.2}$$

对一般函数的对数线性化来说,假设 $z_t = f(x_{1t}, \cdots, x_{nt})$,那么对数线性化后的表达式为:

$$\hat{z}_t = \sum_{i=1}^{n} \frac{\overline{x}_i}{\overline{z}} \frac{\partial f}{\partial x_{it}} \hat{x}_{it} \tag{3.3}$$

值得注意的是,如果要对以增长率形式表示的变量进行对数线性化,如假设变量 $z_t = 1 + x_t$,那么按照上面的方法对数线性化的结果为 $\hat{z}_t = \frac{\overline{x}}{1 + \overline{x}} \hat{x}_t$,此时意味着 z_t 关于 x_t 的相对变化。但通常也可以采用方法 $\hat{z}_t = \hat{x}_t$ 近似表示,此时意味着 z_t 关于 x_t 的绝对变化。这两种方式在实际中都经常使用,需注意它们的区别。

3.1.1　模型稳态

DSGE 模型的求解需要将模型在稳态附近进行线性展开,因此首先必须对模型进行稳态分析。本研究用 $\overline{X}$ 来表示模型中任一变量 X 的稳态值。模型中所有相对价格的稳态值均为 1,进而所有价格变动率的稳态

值 $\overline{\pi}$、$\overline{\pi_h}$、$\overline{\pi^*}$ 也均为 1；外生变量 b_t、A_t 的稳态值 $\overline{b}$、$\overline{A}$ 均为 1，所有外生冲击过程中随机项的值均为 0；稳态是非随机的且信息完全的，因此稳态时 θ 的值为 0。在稳态时家庭消费水平便不再发生变化，因此无所谓"消费惯性"，即 $h=0$。

模型的稳态形式如下：

1. 本国家庭的效用最大化行为

本国家庭对国内产品的消费需求：

$$\overline{C_H} = \alpha \overline{C} \tag{3.4}$$

本国家庭对进口产品的消费需求：

$$\overline{C_{IM}} = (1-\alpha)\overline{C} \tag{3.5}$$

本国家庭消费的一阶条件：

$$(\overline{C})^{-\frac{1}{\sigma}} = \overline{\lambda} \tag{3.6}$$

国内债券市场一阶条件：

$$\overline{r} = \frac{1}{\beta} - 1 = \overline{R} \tag{3.7}$$

国外实际利率一阶条件：

$$\overline{r_F^*} = \overline{R_F^*} \tag{3.8}$$

国外债券的一阶条件：

$$\overline{r_F^*} = \frac{1}{\beta} - 1 \tag{3.9}$$

国内劳动力供给一阶条件：

$$(\overline{N})^{\frac{1}{\phi}} = \overline{\lambda}\ \overline{w} \tag{3.10}$$

2. 本国厂商的利润最大化行为

本国厂商要素需求：

$$(1 - \omega)\,\overline{Y} = \overline{N} \qquad\qquad (3.11)$$

$$\overline{IM} = \omega \overline{Y} \qquad\qquad (3.12)$$

本国厂商实际边际成本：

$$\overline{mc} = (1 - \omega)\,\overline{w} + \omega \qquad\qquad (3.13)$$

本国厂商价格最优化一阶条件：

$$\overline{mc} = \frac{\varepsilon_p - 1}{\varepsilon_p} \qquad\qquad (3.14)$$

3. 本国政府的行为决策

本国政府对国内产品的消费需求：

$$\overline{G_H} = \alpha\,\overline{G} \qquad\qquad (3.15)$$

本国政府对进口产品的消费需求：

$$\overline{G_{IM}} = (1 - \alpha)\,\overline{G} \qquad\qquad (3.16)$$

4. 国外部门的行为决策

国外对国内产品的需求：

$$\overline{EX} = \alpha^* \left(\frac{1}{\overline{re}}\right)^{-\rho^*} \overline{X^*} \qquad\qquad (3.17)$$

5. 市场出清

本国对国内产品的总需求：

$$\overline{Q_H} = \alpha\,\overline{Q} \qquad\qquad (3.18)$$

本国对进口产品的总需求：

$$\overline{Q_{IM}} = (1 - \alpha)\,\overline{Q} \qquad\qquad (3.19)$$

债券市场出清条件：

$$\overline{s} = 0 \tag{3.20}$$

本国厂商市场出清条件：

$$\overline{Y} = \overline{C_H} + \overline{G_H} + \overline{EX} \tag{3.21}$$

本国对国内产品的总需求：

$$\overline{Q_H} = \overline{C_H} + \overline{G_H} \tag{3.22}$$

本国进口产品市场出清条件：

$$\overline{Q_{IM}} = \overline{C_{IM}} + \overline{G_{IM}} + \overline{IM} \tag{3.23}$$

本国实际国内生产总值：

$$\overline{gdp} = (1 - \omega)\,\overline{Y} \tag{3.24}$$

由于稳态时所有相对价格为 1，因此稳态时以相对价格表示的本国名义国内生产总值等于稳态实际国内生产总值，即：

$$\overline{gdp} = \overline{gdp'} \tag{3.25}$$

本国净出口占国内生产总值的比例：

$$\overline{nx} = 0 \tag{3.26}$$

$$\overline{EX} = \overline{Q_{IM}} \tag{3.27}$$

3.1.2　模型对数线性化

在前面得到模型的稳态后，在稳态附近对模型对数线性化，从而可得到模型的一阶近似方程。在下面的表达式中，对于利率、物价指数等表示相对变化的变量，变量 $\hat{X}_t = X_t - \overline{X}$ 表示在稳态值 $\overline{X}$ 对 X_t 进行线性化，而对于表示绝对变化的其他变量，变量 $\hat{X}_t = \ln(X_t) - \ln(\overline{X})$ 表示在稳态值 $\overline{X}$ 对 X_t 进行对数线性化。

模型对数线性化后的形式如下：

1. 本国家庭的效用最大化行为

本国家庭对国内产品的消费需求:

$$\hat{C}_{H,t} = -\rho \hat{p}_{h,t} + \hat{C}_t \qquad (3.25)$$

本国家庭对进口产品的消费需求:

$$\hat{C}_{IM,t} = -\rho(\hat{p}_{IM,t}) + \hat{C}_t \qquad (3.26)$$

本国消费物价指数:

$$\alpha \hat{p}_{h,t} + (1-\alpha)\hat{p}_{IM,t} = 0 \qquad (3.27)$$

本国消费偏好冲击:

$$\hat{b}_t = \rho_b \hat{b}_{t-1} + e_{b,t}, \ e_{b,t} \sim N(0, \ \sigma_b^2) \qquad (3.28)$$

本国消费的一阶条件:

$$\hat{\lambda}_t = \frac{1}{1-\beta h}\left[\hat{b}_t - \frac{1}{\sigma(1-h)}(\hat{C}_t - h\hat{C}_{t-1})\right] - \frac{\beta h}{1-\beta h}$$

$$E_t\left[\hat{b}_{t+1} - \frac{1}{\sigma(1-h)}(\hat{C}_{t+1} - h\hat{C}_t)\right] \qquad (3.29)$$

本国实际利率与名义利率的关系:

$$\hat{r}_t + \hat{\pi}_{t+1} = \hat{R}_t \qquad (3.30)$$

本国债券市场一阶条件:

$$\hat{\lambda}_t = \hat{r}_t + E_t\hat{\lambda}_{t+1} \qquad (3.31)$$

国外实际利率冲击:

$$\hat{r}_{F,t}^* = \rho_{r_F^*}\hat{r}_{F,t-1}^* + e_{r_F^*,t}, \ e_{r_F^*,t} \sim N(0, \ \sigma_{r_F^*}^2) \qquad (3.32)$$

国外债券的一阶条件:

$$\hat{\lambda}_t = E_t\hat{\lambda}_{t+1} + E_t r\hat{e}_{t+1} + \hat{r}_{F,t}^* - r\hat{e}_t - \eta\hat{s}_t + \hat{\mu}_t \qquad (3.33)$$

外汇市场风险溢价冲击:

$$\hat{\mu}_t = \rho_\mu \hat{\mu}_{t-1} + e_{\mu,t}, \ e_{\mu,t} \sim N(0, \ \sigma_\mu^2) \qquad (3.34)$$

国内劳动力供给一阶条件：

$$\frac{1}{\phi}\hat{N}_t = \hat{\lambda}_t + \hat{w}_t \tag{3.35}$$

2. 本国厂商的利润最大化行为

本国厂商要素需求：

$$\hat{Y}_t = \hat{A}_t + \hat{N}_t \tag{3.36}$$

$$\hat{IM}_t = \hat{Y}_t \tag{3.37}$$

本国生产技术冲击：

$$\hat{A}_t = \rho_A \hat{A}_{t-1} + e_{A,t}, \quad e_{A,t} \sim N(0, \sigma_A^2) \tag{3.38}$$

本国厂商实际边际成本：

$$\hat{mc}_t = \left(1 - \frac{\omega}{mc}\right)(\hat{w}_t - \hat{A}_t) + \frac{\omega}{mc}\hat{p}_{IM,t} \tag{3.39}$$

本国厂商价格最优化一阶条件：

$$\begin{aligned}
h\hat{a}_t &= (1-\beta\theta)(\hat{\lambda}_t + \hat{Y}_t) + \beta\theta(1-\varepsilon_p)\hat{\pi}_{h,t} - \beta\theta E_t(\hat{\pi}_{t+1}) + \\
&\quad \varepsilon_p \beta\theta E_t(\hat{\pi}_{h,t+1}) + \beta\theta E_t(h\hat{a}_{t+1})h\hat{b}_t \\
&= (1-\beta\theta)(\hat{\lambda}_t + \hat{Y}_t + \hat{mc}_t) + \varepsilon_p \beta\theta [E_t(\hat{\pi}_{h,t+1}) - \hat{\pi}_{h,t}] + \beta\theta E_t(h\hat{b}_{t+1})
\end{aligned} \tag{3.40}$$

$$\tilde{\hat{p}}_{h,t} + h\hat{a}_t - h\hat{b}_t = 0 \tag{3.41}$$

$$\hat{p}_{h,t} = (1-\theta)\tilde{\hat{p}}_{h,t} + \theta(\hat{\pi}_{h,t-1} + \hat{p}_{h,t-1} - \pi_t) \tag{3.42}$$

$$\theta\hat{\pi}_{h,t} - (1-\theta)\tilde{\hat{p}}_{h,t} + (1-\theta)\hat{p}_{h,t} - \theta\hat{\pi}_{h,t-1} = 0 \tag{3.43}$$

3. 本国政府的行为决策

本国政府对国内产品的消费需求：

$$\hat{G}_{H,t} = -\rho\hat{p}_{h,t} + \hat{G}_t \tag{3.44}$$

本国政府对进口产品的消费需求：

$$\hat{G}_{IM,t} = -\rho(\hat{p}_{IM,t}) + \hat{G}_t \qquad (3.45)$$

本国政府实际支出冲击：

$$\hat{G}_t = \rho_G \hat{G}_{t-1} + e_{G,t}, \ e_{G,t} \sim (0, \ \sigma_G^2) \qquad (3.46)$$

本国央行货币政策：

$$\hat{R}_t = \rho_R \hat{R}_{t-1} + (1-\rho_R)(\rho_\pi \hat{\pi}_t + \rho_{gdp} \hat{gdp}_t + \rho_{ne} \hat{ne}_t) + e_{R,t}, \ e_{R,t} \sim (0, \ \sigma_R^2)$$

$$(3.47)$$

4. 国外部门的行为决策

国外对国内产品的需求：

$$E\hat{X}_t = \rho^*(\hat{re}_t - \hat{p}_{h,t}) + \hat{X}_t^* \qquad (3.48)$$

国外总需求冲击：

$$\hat{X}_t^* = \rho_{X*} \hat{X}_{t-1}^* + e_{X*}, \ e_{X*} \sim N(0, \ \sigma_{X*}^2) \qquad (3.49)$$

国外物价指数：

$$\hat{\pi}_t^* = \hat{P}_t^* - \hat{P}_{t-1}^* \qquad (3.50)$$

国外物价指数冲击：

$$\hat{\pi}_t^* = \rho_{\pi*} \hat{\pi}_{t-1}^* + e_{\pi*}, \ e_{\pi*} \sim N(0, \ \sigma_{\pi*}^2) \qquad (3.51)$$

名义汇率与实际汇率之间的关系：

$$\hat{re}_t - \hat{re}_{t-1} = \hat{ne}_t - \hat{ne}_{t-1} + \hat{\pi}_t^* - \hat{\pi}_t \qquad (3.52)$$

5. 市场出清

本国对国内产品的总需求：

$$\hat{Q}_{H,t} = -\rho \hat{p}_{h,t} + \hat{Q}_t \qquad (3.53)$$

本国对进口产品的总需求：

$$\hat{Q}_{IM,t} = -\rho \hat{p}_{IM,t} + \hat{Q}_t \tag{3.54}$$

进口品市场出清：

$$\overline{Q_{IM}}\hat{Q}_{IM,t} = \overline{C_{IM}}\hat{C}_{IM,t} + \overline{G_{IM}}\hat{G}_{IM,t} + \overline{IMI}\hat{M}_t \tag{3.55}$$

本国对国内产品的总需求：

$$\overline{Q_H}\hat{Q}_{H,t} = \overline{C_H}\hat{C}_{H,t} + \overline{G_H}\hat{G}_{H,t} \tag{3.56}$$

产品市场出清条件：

$$\hat{Y}_t = s\hat{h}_t + (\overline{C_H}/\overline{Y})\hat{C}_{H,t} + (\overline{G_H}/\overline{Y})\hat{G}_{H,t} + (\overline{EX}/\overline{Y})E\hat{X}_t \tag{3.57}$$

其中，

$$\hat{sh}_t = \varepsilon_p(1-\theta)(\hat{p}_{h,t} - \tilde{\hat{p}}_{h,t}) + \varepsilon_p\theta(\hat{\pi}_{h,t} - \hat{\pi}_{h,t-1}) \tag{3.58}$$

实际国内生产总值：

$$\hat{gdp} = \hat{Y}_t \tag{3.59}$$

净出口占国内生产总值的比例：

$$\hat{nx}_t = \overline{EX}/\overline{gdp}(\hat{p}_{h,t} + E\hat{X}_t - \hat{p}_{IM,t} - \hat{Q}_{IM,t}) \tag{3.60}$$

债券市场出清：

$$\hat{s}_t = \frac{1}{\beta}\hat{s}_{t-1} + \hat{nx}_t \tag{3.61}$$

式（3.25）~式（3.61）形成本章对数线性化后的 DSGE 模型，该系统共有 37 个方程，37 个内生变量和 8 个外生冲击（分别是本国消费偏好冲击、国外实际利率冲击、本国生产技术冲击、本国政府支出冲击、本国名义利率冲击、国外总需求冲击、国外物价指数冲击、外汇市场风险溢价冲击）。

3.2 参数估计及评估

DSGE 模型虽有坚定的理论基础，但如果其求解结果不能很好地反映实际经济数据特征，模型也不是一个有效的模型。由于模型的求解结果依赖于参数的选择，因此根据实际经济数据对模型中的参数进行正确的设定是 DSGE 模型中的一个重要环节，模型中参数的选取有校准法和估计法两种。确定模型参数后，需要评估模型的可靠性，即检验模型对现实经济数据的解释能力。

3.2.1　数据选取与处理

1. 数据选取

模型中的外生冲击主要包括 8 个，分别是本国消费偏好冲击（$e_{b,t}$）、国外实际利率冲击（$e_{r_F^*,t}$）、本国生产技术冲击（$e_{A,t}$）、本国政府实际支出冲击（$e_{G,t}$）、本国名义利率冲击（$e_{R,t}$）、国外总需求冲击（e_{X^*}）、国外物价指数冲击（e_{π^*}）、外汇市场风险溢价冲击（$e_{\mu,t}$），这些冲击均是符合独立同分布（i. i. d）的随机变量。为避免估计中的随机奇异性问题，模型中选择的可观测变量数目要求不超过外生冲击的数目，结合参数识别和样本数据可获得性的要求，这里选择的可观测变量包括以下 5 个经济指标，即实际国内生产总值 gdp、本国政府实际支出 G、本国出口总量 EX、本国实际利率 r、本国物价指数 π。这些数据来源于国家统计局网站、中国人民银行网站、Wind 数据库、中经网统计数据库。数据为季度数据，数据样本有 105 个，样本区间是从 1992 年第 1 季度到 2018 年第 1 季度。选取的经济变量从 1992 年开始是因为我国在 1992 年后开始了新一轮的改革开放，我国的经济情况以及经济数据在 1992 年前后都有很大的不同，这一结构变化可能给估计结果带来偏差，为避免这一情况出现，因此我们从 1992 年第 1 季度开始选取数据。

采用本国季度环比 CPI 来衡量本国消费物价指数 π，因为居民消费物价指数的原始数据为月度环比 CPI，根据月度环比 CPI 与季度 CPI 的关系推算出季度环比 CPI。由本国季度环比 CPI 推算出以 1992 年第 1 季度为基期的 CPI 数据[①] ［1996 年前缺失的 CPI 数据由谢安（1998）提供的数据补齐］。本国政府支出用国家财政支出作为代理变量。本国名义 GDP、本国国家财政支出、本国出口额季度数据名义值除以季度定基 CPI（以 1992 年第 1 季度为基期的 CPI）得到实际国内生产总值 gdp、本国政府实际支出 G、本国出口总量 EX。我国实际利率 r 由 7 天同业拆借季度名义利率 R 与本国消费物价指数 π 通过公式 $r_t = (1 + R_t)/\pi_{t+1} - 1$ 计算得到。

2. 数据处理

模型是平稳的，经济最终趋向一个均衡点，但是实际数据通常含有趋势项，因此要使模型与实际数据对应起来，通常去掉实际数据中的趋势项。本项研究使用的是季度数据，季度数据常常表现出季节性的循环波动，不能真实地反应序列波动的客观规律，因此还需将季节性因素从时间序列中分离出去。常用的季节调整方法包括 Census X12 方法和 X11（Historical），其中 Census X12 季节调整方法是在 X11 方法的基础上发展来的，Census X12 方法包含 X11 方法的全部功能，是对 X11 方法的改进，因此，我们选取 Census X12 方法来消除本项研究数据中的季节循环

---

① 原始 CPI 为环比数据，定基 CPI 的具体算法是将 1992 年 1 季度的 CPI 定为 100，则之后各期定基 CPI 等于本期环比 CPI 乘以上一期定基 CPI 再除以 100 得到。

波动①。目前，HP 滤波（Hodrick – Prescott filter）法是计算趋势项的一个应用广泛的方法，其最早由霍德里克和普雷斯科特（Hodrick & Prescott）于 1981 年在分析第二次世界大战后美国经济景气情况的一篇技术报告中提出，后来该方法于 1997 年正式发表。HP 滤波假设某个时间序列 x_t 可以分为两个部分，即：

$$x_t = x_t^{tr} + x_t^{c} \tag{3.62}$$

其中，x_t^{tr} 表示趋势项，x_t^{c} 表示波动项，HP 滤波通过使下式取得最小值来确定趋势项 x_t^{tr}：

$$\min \left\{ \sum_{t=1}^{T} (x_t - x_t^{tr})^2 + \lambda \sum_{t=2}^{T-1} \left[(x_{t+1}^{tr} - x_t^{tr}) - (x_t^{tr} - x_{t-1}^{tr}) \right]^2 \right\} \tag{3.63}$$

其中，T 表示序列的样本量；λ 表示平滑参数，λ 越大，趋势 x_t^{tr} 越平滑，当 $\lambda \rightarrow \infty$ 时，x_t^{tr} 趋近于线性趋势。对于季度序列，通常将 λ 取为 1600。同时，为了减少数据波动，使数据变得更加平滑，我们还需要对有些变量取对数，然后通过 Census X12 方法季度调整和 HP（Hodrick – Prescott）滤波去势处理，就得到了平稳的数据。选取的可观测变量具体处理过程如下。对于样本中的实际国内生产总值 gdp、本国政府实际支出 G、本国出口总量 EX。首先取对数，然后利用 Census X12 方法对序列做乘法季节调整，最后利用 HP 滤波方法做去趋势化处理。对于样本中的本国实际利率 r、本国消费物价指数 π 存在长期趋势，因此用 HP 滤波去除趋势，但是不做季节调整。所有变量相应处理结果均用百分比，具体见图 3 – 1。

---

① Census X12 方法在 3 个方面对 X11 方法进行了改进：（1）扩展了贸易日和节假日影响的调节功能，增加了季节、趋势循环和不规则要素分解模型的选择功能；（2）新的季节调整结果稳定性诊断功能；（3）增加 X12 – ARIMA 模型的建模和模型选择功能。

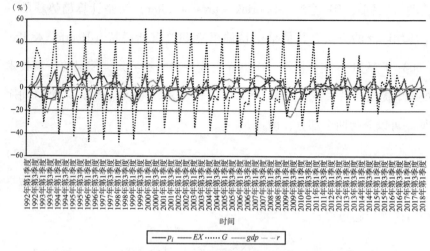

（%）

时间

$\quad\quad p_i \quad\quad EX \quad\cdots\cdots G \quad\quad gdp \quad\quad - - r$

图 3 - 1　1992～2018 年各可观测变量季度数据对稳态值偏离的百分比

3.2.2　基本参数校准与部分参数贝叶斯估计

在样本很难得到或很少的情况下，校准作为并不严格的统计估计方法，也可以作为确定参数的方法。校准用来确定模型中有关参数的思路主要是依据经济中观察到的一些基本数量关系。在参数估计中，常用的估计方法有极大似然估计、广义矩估计、贝叶斯（Bayes）估计等，但前两种方法是传统的计量经济学方法，这些方法的一个基本假设是模型中的参数是确定性变量，而贝叶斯估计方法则不同，其假设是待估参数是随机变量。贝叶斯推断先给定模型参数一个先验分布，然后再根据观测数据来修正这些先验分布，因此，采用贝叶斯统计方法是非常具有吸引力的。本项研究将采用校准和贝叶斯估计相结合的方法确定开放经济DSGE 模型中各个参数的值。

1. 基本参数校准

本项研究模型中的结构参数主要有三种，分别是结构参数、外生随机冲击变量的自回归系数和货币政策规则中的系数、变量稳态值。结构参数的校准主要是基于现有的研究经验取值得到；变量稳态值的校准，一部分是根据相关文献的取值得到，一部分是根据变量间的稳态关系计算得到。本研究的参数校准主要根据现有的研究经验取值和实际数据计算得出。由于本研究所使用的是我国的季度数据，因此校准的参数也是使用季度衡量的。需要通过校准方法来确定参数值的参数有 20 个，分别是 α、ρ、β、h、σ、ϕ、θ、ω、$\overline{mc}$、ε_p、ρ^*、$\overline{C_{IM}/Q_{IM}}$、$\overline{G_{IM}/Q_{IM}}$、$\overline{IM/Q_{IM}}$、$\overline{C_H/Q_H}$、$\overline{G_H/Q_H}$、$\overline{C_H/\bar{Y}}$、$\overline{G_H/\bar{Y}}$、$\overline{EX/\bar{Y}}$、$\overline{EX/gdp}$。

（1）本国家庭部门相关参数校准。

本国家庭部门需要校准的参数有 6 个，分别是 α、σ、ϕ、h、ρ 和 β。参考刘斌（2008）将国内消费占总消费的比重 α 校准为 0.74，国内消费品和进口消费品之间的替代弹性 ρ 校准为 2.5。根据样本期平均值计算稳态时本国实际利率 $\bar{r}$（约为 0.0023），通过方程 $\bar{r} = \overline{r_F^*} = 1/\beta - 1$ 可确定贴现因子 β 为 0.9977。根据李松华（2013）将消费的跨期替代弹性 σ、本国家庭的劳动供给弹性 ϕ 和消费习惯形成参数 h 分别校准为 0.3756、0.42、0.6812。

（2）本国厂商部门相关参数校准。

本国厂商部门需要校准的参数有 4 个，分别是 θ、ε_p、$\overline{mc}$ 和 ω。根据多数文献的做法，价格黏性程度参数 θ 取 0.75，即假设厂商每年调整一次商品价格。参考刘斌（2009）将国内产品之间的替代弹性 ε_p 校准为

11。在 ε_p 值的基础上，根据稳态关系 $\overline{mc} = \dfrac{\varepsilon_p - 1}{\varepsilon_p}$ 计算出厂商稳态实际边际成本 $\overline{mc}$ 的值为 0.91。参考王家玮（2012）将本国厂商部门进口中间投入品的投入比例 ω 校准为 0.4。

（3）国外部门相关参数校准。

国外部门需要校准的参数是国外产品与本国出口产品之间的替代弹性 ρ^*，由假设 $\rho^* = \rho$，ρ^* 校准为 2.5。

（4）市场出清相关参数校准。

市场出清部分需要校准的参数有 9 个，分别是 $\overline{C_{IM}}/\overline{Q_{IM}}$、$\overline{G_{IM}}/\overline{Q_{IM}}$、$\overline{IM}/\overline{Q_{IM}}$、$\overline{C_H}/\overline{Q_H}$、$\overline{G_H}/\overline{Q_H}$、$\overline{C_H}/\overline{Y}$、$\overline{G_H}/\overline{Y}$、$\overline{EX}/\overline{Y}$、$\overline{EX}/gdp$。其中 $\overline{C_{IM}}/\overline{Q_{IM}}$、$\overline{G_{IM}}/\overline{Q_{IM}}$、$\overline{IM}/\overline{Q_{IM}}$ 分别为稳态时本国家庭部门消费的进口产品与全部进口产品之比、稳态时本国政府部门消费的进口产品与全部进口产品之比、稳态时本国厂商部门进口中间投入品与全部进口产品之比。$\overline{C_H}/\overline{Q_H}$、$\overline{G_H}/\overline{Q_H}$ 分别为稳态时本国家庭部门对国内产品的消费需求与本国对国内产品的总需求之比、稳态时本国政府部门对国内产品的消费需求与本国对国内产品的总需求之比。参考王家玮（2012）将参数 $\overline{C_{IM}}/\overline{Q_{IM}}$、$\overline{G_{IM}}/\overline{Q_{IM}}$、$\overline{IM}/\overline{Q_{IM}}$ 分别校准为 0.134、0.008、0.858。将 $\overline{C_H}/\overline{Q_H}$、$\overline{G_H}/\overline{Q_H}$ 分别校准为 0.992、0.008。$\overline{C_H}/\overline{Y}$、$\overline{G_H}/\overline{Y}$、$\overline{EX}/\overline{Y}$ 分别为稳态时本国家庭部门对国内产品的消费需求与本国厂商部门产量之比、稳态时本国政府部门对国内产品的消费需求与本国厂商部门产量之比、稳态时出口与本国厂商部门产量之比。根据样本期平均值计算出稳态时实际国内生产总值 $\overline{gdp}$ 为 31976.84 亿元，稳态时本国出口总量 $\overline{EX}$ 为 7501 亿元，通过均衡关系式 $\overline{gdp} = (1 - \omega) \overline{Y}$ 及已知参数 ω 计算出稳态时本国厂商部门产量 $\overline{Y}$ 为 53294.73 亿元，计算出 $\overline{EX}/\overline{Y}$ 为 0.14。通过均衡关系式 $\overline{Y} = \overline{C_H} +$

$\overline{G_H} + \overline{EX}$ 以及 $\overline{G_H}/\overline{Q_H}$、$\overline{C_H}/\overline{Q_H}$ 的校准值，计算出 $\overline{C_H}/\overline{Y}$、$\overline{G_H}/\overline{Y}$ 分别 0.85 和 0.01。相应的稳态时本国出口总量与实际国内生产总值之比 $\overline{EX}/gdp$ 经计算为 0.23。根据上面的校准过程，模型的部分稳态值及确定稳态的有关参数的具体校准值如表 3 – 1 所示。

表 3 – 1 　　　　　　　　　　　　　模型相关参数校准结果

	参数	含义	取值
本国居民部门参数	α	国内消费占总消费的比例	0.74
	σ	消费的跨期替代弹性	0.3756
	ϕ	本国家庭劳动供给弹性	0.42
	h	消费习惯形成参数	0.6812
	ρ	国内消费品和进口消费品之间替代弹性	2.5
	β	贴现因子	0.9977
本国厂商部门参数	θ	价格黏性程度参数	0.75
	ε_p	国内产品之间的替代弹性	11
	$\overline{mc}$	本国厂商实际边际成本	0.91
	ω	本国厂商部门进口中间投入品的投入比例	0.4
国外部门	ρ^*	国外产品与本国出口产品之间的替代弹性	2.5
市场出清	$\overline{C_{IM}/Q_{IM}}$	稳态时本国居民部门消费的进口产品与全部进口产品之比	0.134
	$\overline{G_{IM}/Q_{IM}}$	稳态时本国政府部门消费的进口产品与全部进口产品之比	0.008
	$\overline{IM/Q_{IM}}$	稳态时本国厂商部门进口中间投入品与全部进口产品之比	0.858
	$\overline{C_H/Q_H}$	稳态时本国家庭部门对国内产品的消费需求与本国对国内产品的总需求之比	0.992
	$\overline{G_H/Q_H}$	稳态时本国政府部门对国内产品的消费需求与本国对国内产品的总需求之比	0.008
	$\overline{C_H/Y}$	稳态时本国家庭部门对国内产品的消费需求与本国厂商部门产量之比	0.85

续表

	参数	含义	取值
市场出清	$\overline{G_H/\,Y}$	稳态时本国政府部门对国内产品的消费需求与本国厂商部门产量之比	0.01
	$\overline{EX/\,Y}$	稳态时本国出口总量与本国厂商部门产量之比	0.14
	$\overline{EX/gdp}$	稳态时本国出口总量与实际国内生产总值之比	0.23

2. 部分参数贝叶斯估计

（1）贝叶斯估计方法简介。

贝叶斯[①]估计方法充分考虑了参数的先验分布，并将参数先验信息和样本信息结合起来，模型参数的先验分布和似然函数结合形成后验分布密度函数。

似然函数通常表示为：

$$L(\theta \mid Y_T^*) = \prod_{t=1}^{T} f(y_t^* \mid \theta) \tag{3.64}$$

式中，$L(\theta \mid Y_T^*)$ 是基于样本数据 $Y_T^* = \{y_t^*,\ t=1,\ \cdots,\ T\}$ 得到的似然函数，T 是样本数量，θ 是参数。假设参数 θ 的先验概率密度函数为 $p(\theta)$，那么根据贝叶斯定理，参数 θ 的后验概率密度函数 $p(\theta \mid Y_T^*)$ 为：

$$p(\theta \mid Y_T^*) = \frac{L(\theta \mid Y_T^*)p(\theta)}{p(Y_T^*)} \tag{3.65}$$

其中，$p(Y_T^*)$ 是边际概率密度函数，边际概率密度函数由下式表示：

---

① 英国学者贝叶斯（T. R. Bayes）在其死后发表的一篇论文《论有关机遇问题的求解》中提出了著名的贝叶斯公式和一种归纳推理的方法，后被一些统计学家发展为一种系统的统计推断方法，成为贝叶斯方法。

$$p(Y_T^*) = \int [L(\theta \mid Y_T^*) p(\theta)] d\theta \qquad (3.66)$$

由于边际概率密度函数 $p(Y_T^*)$ 不依赖于参数 θ，因而后验概率密度函数 $p(\theta \mid Y_T^*)$ 的核为：

$$p(\theta \mid Y_T^*) \propto L(\theta \mid Y_T^*) p(\theta) \qquad (3.67)$$

将后验分布关于模型结构参数直接最小化或者采用蒙特卡洛—马尔科夫链（MCMC）抽样的方法优化即可得结构参数的估计值。

（2）部分参数的贝叶斯估计结果。

本研究采用基于 MCMC 的贝叶斯估计方法对模型其余参数进行估计，需要估计的结构参数有 20 个，分别是 η、ρ_b、$\rho_{r_F^*}$、ρ_A、ρ_G、ρ_R、ρ_π、ρ_{gdp}、ρ_{ne}、ρ_{X^*}、ρ_μ、ρ_{π^*}、σ_b、$\sigma_{r_F^*}$、σ_A、σ_G、σ_R、σ_{X^*}、σ_{π^*}、σ_μ。在利用贝叶斯方法估计参数前，必须给出待估参数的先验分布，我们根据参数的理论含义和取值范围以及国内外相关研究的结论来综合设定待估参数的先验分布。货币规则利率调整的惯性项 ρ_R 以及外生冲击的自回归系数 ρ_b、$\rho_{r_F^*}$、ρ_A、ρ_G、ρ_{X^*}、ρ_μ、ρ_{π^*} 均位于（0，1），可设定的先验分布包括均匀分布和 Beta 分布，其中均匀分布是 Beta 分布的特殊形式，鉴于先验分布的一般性，选取 Beta 分布作为这类参数的先验分布。外汇风险溢价参数 η、货币政策规则利率关于本国消费物价指数的弹性 ρ_π、货币政策规则利率关于实际国内生产总值的弹性 ρ_{gdp} 以及货币政策规则利率关于汇率的弹性 ρ_{ne} 均位于（0，∞），可用的先验分布包括均匀分布、Beta 分布、Gamma 分布和正态分布，因无法确定取值与 1 的关系，排除 Beta 分布，而均匀分布和正态分布的取值范围在（$-\infty$，$+\infty$），范围过大，未充分利用现有信息，影响估计的有效性，因此，选取 Gamma 分布作为这类参数的先验分布。现有文献通常将外生冲击标准差的先验分布设定为逆 Gamma 分布，本研究中 σ_b、$\sigma_{r_F^*}$、σ_A、σ_G、σ_R、σ_{X^*}、σ_{π^*}、σ_μ 的先验分布也是如此。

参考刘斌（2008）将 η 的先验分布设定为均值 0.0015、标准差 0.0005 的 Gamma 分布，ρ_R 的先验分布设定为均值 0.5、标准差 0.2 的 Beta 分布，ρ_{gdp} 和 ρ_π 的先验分布均设定为均值 2、标准差 1 的 Gamma 分布。对于 ρ_{ne} 的先验分布，无法从国内研究文献中寻找依据，鉴于我国现阶段对汇率波动幅度进行严格的控制，本研究设定 ρ_{ne} 的先验分布为均值 5、标准差 2 的 Gamma 分布。参考刘斌（2014）将其他所有外生冲击过程的自回归系数的先验分布均设定为均值 0.6、标准差 0.2 的 Beta 分布，外生冲击过程标准差的先验分布均设定为均值 0.05，标准差 +∞ 的逆 Gamma 分布，这些也是同类文献中常用的分布形式。

上述中可能存在估计的主观性和研究过程中参数的非可变性问题，为避免这些问题，本研究进一步采用贝叶斯方法获得相应的参数估计结果。在贝叶斯估计过程中，本研究采用了马尔科夫—蒙特卡洛（MCMC）模拟方法，基于 MH 算法随机抽样 20000 次，并丢掉前 10000 次。

MCMC 的收敛性检验要求从两个不同起点模拟得到的两条马尔科夫链最终大体收敛，附录 A 中图 A1 列示了 MCMC 单变量收敛性检验结果，从中可以看出，参数的收敛性检验基本可以通过，考虑到样本点十分有限，因此可认为对于 MCMC 收敛性检验结果，所有变量都通过了。附录 A 中图 A2 列示的是 MCMC 多变量收敛性检验结果，从中可以看出，随着模拟次数的增加，两组模拟链的收敛性度量指标总体是收敛的，并且较为稳定，表明估计是稳健的，估计结果总体而言可以接受。

表 3－2 的第四列和第五列分别是待估参数的后验均值以及后验均值 90% 的置信区间，附录 A 中图 A3 列示的是先验分布和后验分布的概率

密度图。从附录 A 中图 A3 看出，相对于先验分布，待估参数后验分布的标准差都变小。对于外汇风险溢价参数 η，后验分布相对于先验略向右移动，后验均值为 0.0017，与先验均值相差不大，说明对这一参数数据中包含的信息较少。货币政策参数中，ρ_R 的后验分布均值为 0.4924，说明货币政策具有一定的持续性，ρ_{gdp}、ρ_π、ρ_{ne} 的后验均值分别为 0.7821、0.5356、4.5609，说明货币政策对于汇率偏离稳态水平的反映最激烈，其次是实际国内生产总值，而对本国消费物价指数偏离稳态水平的反映最弱。外生冲击的一阶自回归系数度量了外生冲击的持续性，ρ_{π^*}、ρ_G、ρ_A 的后验分布相对于先验略微向右移动，$\rho_{r_F^*}$、ρ_b、ρ_{X^*}、ρ_μ 的后验分布相对于先验略微向左移动。所有外生冲击标准差中，σ_G、σ_R、$\sigma_{r_F^*}$、σ_{π^*} 的后验分布均值均大于先验分布均值，σ_b、σ_{X^*}、σ_μ、σ_A 的后验分布均值均小于先验分布均值，意味着对这些参数样本数据中包含较多的信息。其中本国政府支出冲击标准差 σ_G 的后验均值的估计值最大，达到0.0538；其次是本国政府支出冲击标准差 σ_G，达到0.0536。需要强调的是，外生冲击标准差的大小并不能完全反映外生冲击对经济系统影响的大小，因为经济系统对不同外生冲击的反应存在较大差异。贝叶斯估计方法下的参数估计结果见表 3-2。

表 3-2　　　　　　　　部分参数的贝叶斯估计结果

参数	含义	先验分布	后验均值	90% 置信区间
η	外汇风险溢价参数	$\Gamma(0.0015, 0.0005)$	0.0017	$(0.0009, 0.0025)$
ρ_R	货币规则利率调整的惯性项	$B(0.5, 0.2)$	0.4924	$(0.4063, 0.5773)$
ρ_π	货币政策规则利率关于本国消费物价指数的弹性	$\Gamma(2, 1)$	0.5356	$(0.2870, 0.7921)$

参数	含义	先验分布	后验均值	90%置信区间
ρ_{gdp}	货币政策规则利率关于实际国内生产总值的弹性	$\Gamma(2,1)$	0.7821	(0.4553, 1.0729)
ρ_{ne}	货币政策规则利率关于名义汇率的弹性	$\Gamma(5,2)$	4.5609	(3.5003, 5.4562)
ρ_b	本国消费偏好冲击自回归系数	$B(0.6,0.2)$	0.5847	(0.4257, 0.7481)
$\rho_{r_f^*}$	国外实际利率自回归系数	$B(0.6,0.2)$	0.5290	(0.2742, 0.7021)
ρ_A	本国生产技术冲击自回归系数	$B(0.6,0.2)$	0.6660	(0.5417, 0.7908)
ρ_G	本国政府实际支出冲击自回归系数	$B(0.6,0.2)$	0.6553	(0.5291, 0.7751)
ρ_{X*}	国外总需求冲击自回归系数	$B(0.6,0.2)$	0.5544	(0.2251, 0.8620)
$\rho_{\pi*}$	国外消费物价指数冲击自回归系数	$B(0.6,0.2)$	0.6464	(0.5678, 0.7150)
ρ_μ	外汇市场风险溢价冲击自回归系数	$B(0.6,0.2)$	0.5331	(0.2416, 0.6671)
σ_R	本国货币政策冲击的标准差	$\Gamma^{-1}(0.05,\infty)$	0.0508	(0.0451, 0.0575)
σ_b	本国消费偏好冲击标准差	$\Gamma^{-1}(0.05,\infty)$	0.0498	(0.0407, 0.0585)
σ_A	本国生产技术冲击标准差	$\Gamma^{-1}(0.05,\infty)$	0.0472	(0.0369, 0.0563)
$\sigma_{r_f^*}$	国外实际利率冲击标准差	$\Gamma^{-1}(0.05,\infty)$	0.0527	(0.0155, 0.0892)
σ_G	本国政府支出冲击标准差	$\Gamma^{-1}(0.05,\infty)$	0.0538	(0.0482, 0.0596)
σ_{X*}	国外总需求冲击标准差	$\Gamma^{-1}(0.05,\infty)$	0.0431	(0.0300, 0.0560)
$\sigma_{\pi*}$	国外消费物价指数冲击标准差	$\Gamma^{-1}(0.05,\infty)$	0.0536	(0.0469, 0.0606)
σ_μ	外汇市场风险溢价冲击标准差	$\Gamma^{-1}(0.05,\infty)$	0.0423	(0.0164, 0.0608)

注：$B(u,\sigma)$、$\Gamma(u,\sigma)$ 和 $\Gamma^{-1}(u,\sigma)$ 分别表示均值为 u、标准差为 σ 的 Beta 分布、Gamma 分布和逆 Gamma 分布。

3.2.3 模型评估

在对模型模拟结果分析之前，需要检验模型的现实解释能力。评估

DSGE 模型好坏的一个常用判别标准是比较模型模拟数据与实际经济数据各变量之间矩的一致性：一是比较各变量的标准差大小，衡量波动性差异情况；二是比较各变量与产出的相关系数大小，衡量协动性差异情况。因此，首先应该准确把握中国宏观经济变量间的实际情况，将其与模拟结果对比。

根据选取的宏观经济变量的实际数据处理结果，我们计算出了实际国内生产总值 gdp、本国政府实际支出 G、本国出口总量 EX、本国实际利率 r、本国物价指数 π 的标准差及各变量与实际国内生产总值 gdp 的同期相关系数，并将计算结果与经济变量的模拟数据进行比较（见表 3-3）。对于同期相关系数，从实际经济数据分析结果来看，除了本国实际利率 r，其他变量与 gdp 的同期相关系数都为正；从模拟数据分析结果看，除了本国实际利率 r，各变量与 gdp 的同期相关系数都为正，呈现顺周期性，这与实际数据的结论基本一致。实际数据中与 gdp 同期相关系数最大的变量是本国出口总量 EX（0.290），模拟数据中与 gdp 同期相关系数最大的变量同样是本国出口总量 EX（0.884），且其余变量的相关系数大小排序，模拟数据与实际经济数据基本一致，实际数据的同期相关系数普遍比模拟数据小。对于标准差，从实际经济数据分析结果来看，标准差最大的变量是本国政府实际支出 G（0.277），模拟数据中标准差最大的变量是本国出口总量 EX（0.243）；模拟数据与实际数据各变量中标准差最接近的是本国物价指数 π（仅相差 0.003）。实际数据与模拟数据有差异的原因要么是由于模型本身的问题，要么是参数不够精确，要么是选取的实际数据不好。总的来看，模型的模拟效果反映了我国经济的波动性和周期性问题，本项研究所构建的开放经济 DSGE 模型对样本数据的拟合结果是可以接受的，可以利用该模型分析我国的物价波动问题。

表 3 – 3   变量的实际数据与模拟数据的标准差及与 *gdp* 的同期相关系数

		gdp	EX	π	G	r
实际数据	标准差	0.084	0.085	0.044	0.277	0.018
	相关系数	1	0.290	0.194	0.052	- 0.055
模拟数据	标准差	0.038	0.243	0.047	0.056	0.088
	相关系数	1	0.884	0.614	0.016	- 0.147

注：实际数据根据 1992 ~ 2018 年各变量季度数据计算，模拟数据来源于本章模型的模拟结果。

3.3　脉冲响应分析及方差分解分析

这部分主要分析 DSGE 模型脉冲响应及方差分解两方面的性质。脉冲响应分析方法可以用来描述一个内生变量对由误差项所带来冲击的反应，即在随机误差项上施加一个标准差大小的冲击后，对内生变量的当期值和未来值所产生的影响程度。而方差分解是通过分析每一个结构冲击对内生变量变化的影响程度（通常用方差的贡献度），进一步评价不同结构冲击的重要性，因此方差分解给出对模型中的变量产生影响的每个随机扰动的相对重要的信息。

3.3.1　本国物价对各外生冲击的脉冲响应模拟分析

下面通过脉冲响应分析本国消费偏好冲击、国外实际利率冲击、本国厂商生产技术冲击、本国政府实际支出冲击、本国名义利率冲击、国外总需求冲击、国外消费物价指数冲击、外汇市场风险溢价冲击等 8 个外生冲击对我国物价①的影响途径。图 3 - 2 ~ 图 3 - 9 均表示各内生变量从 0 ~ 40 期的脉冲响应，前提是在一个正的标准差的外生冲击下。在以下各个图中，横轴为冲击作用的滞后期间数（单位：季度），纵轴表示各变量对稳态值的对数偏离。

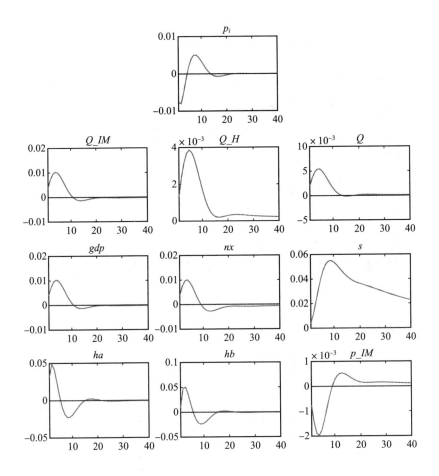

---

① 这里的物价指的是本国消费物价指数 π_t。

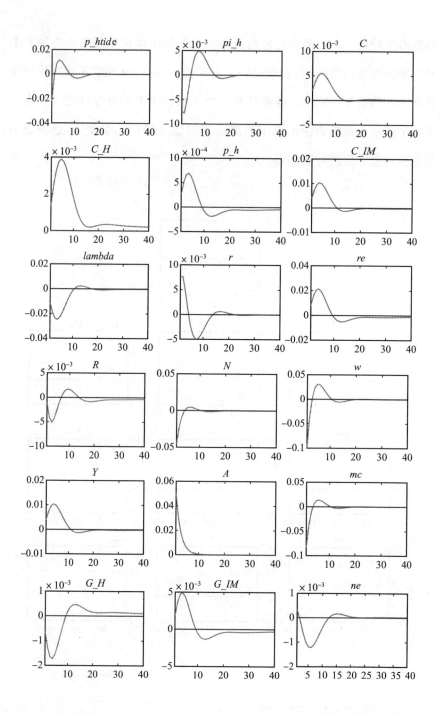

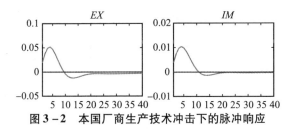

图 3 - 2　本国厂商生产技术冲击下的脉冲响应

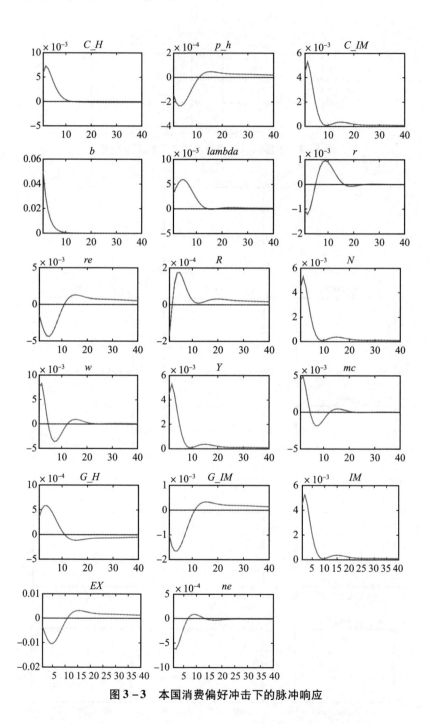

图 3 - 3 本国消费偏好冲击下的脉冲响应

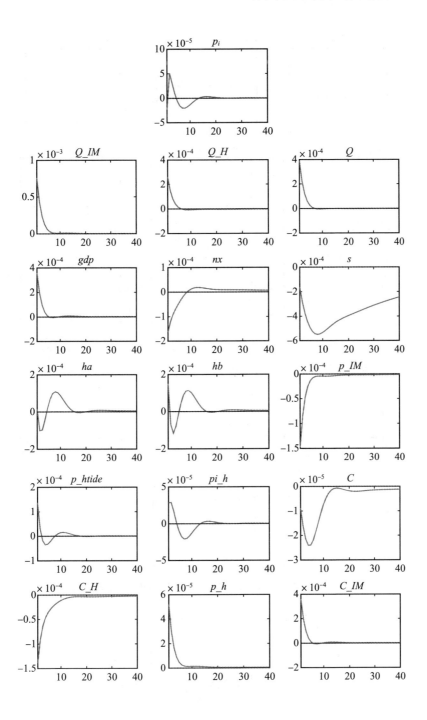

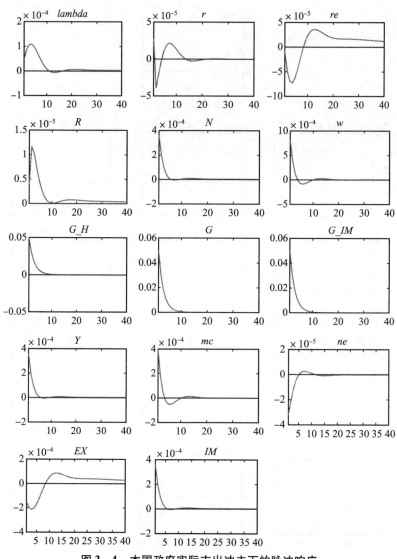

图 3 - 4　本国政府实际支出冲击下的脉冲响应

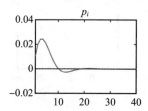

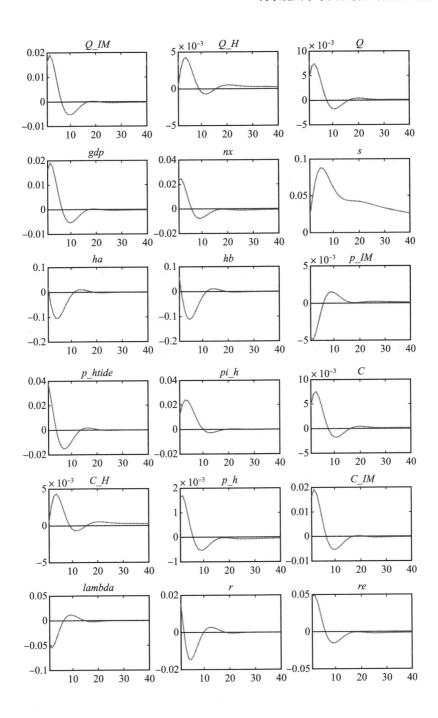

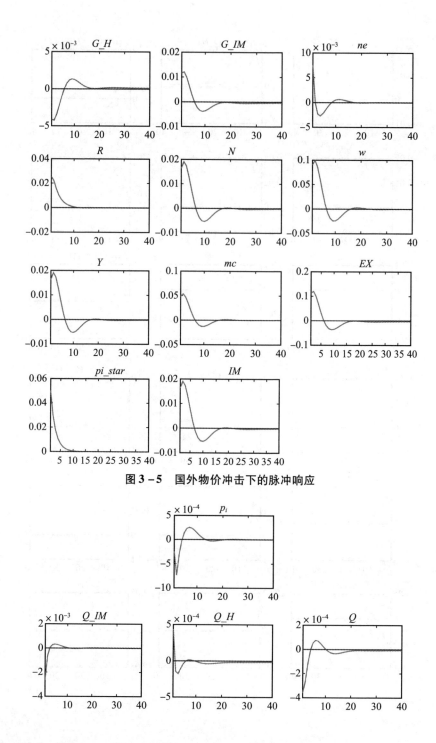

图 3 − 5　国外物价冲击下的脉冲响应

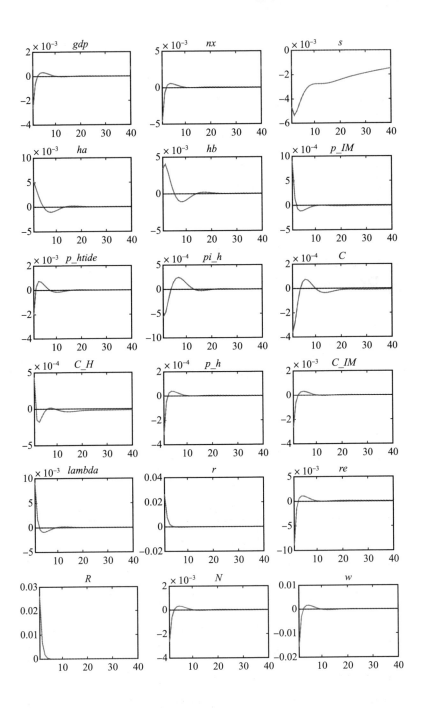

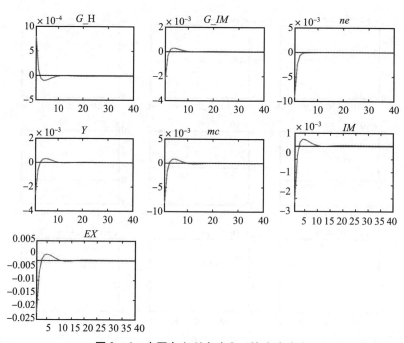

图 3 - 6　本国名义利率冲击下的脉冲响应

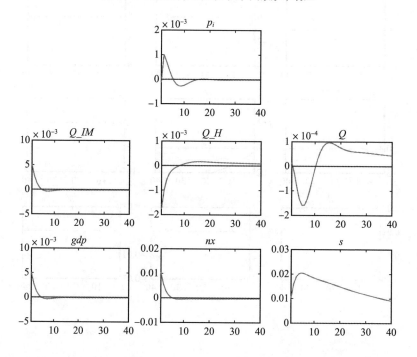

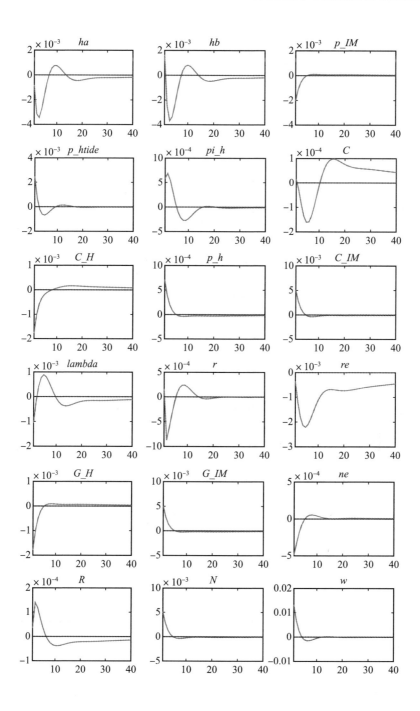

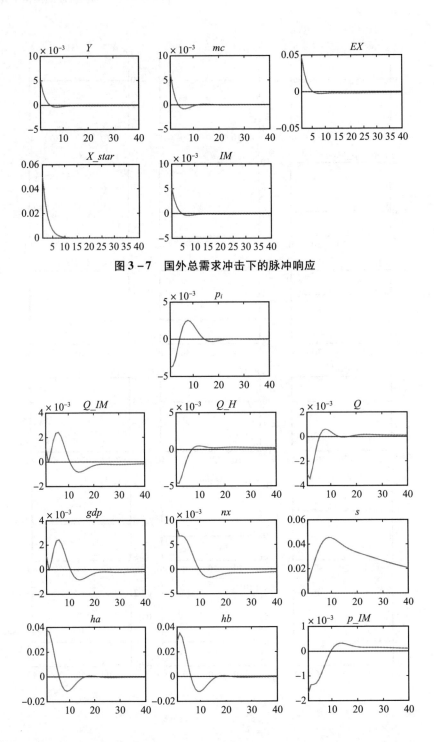

图 3 - 7　国外总需求冲击下的脉冲响应

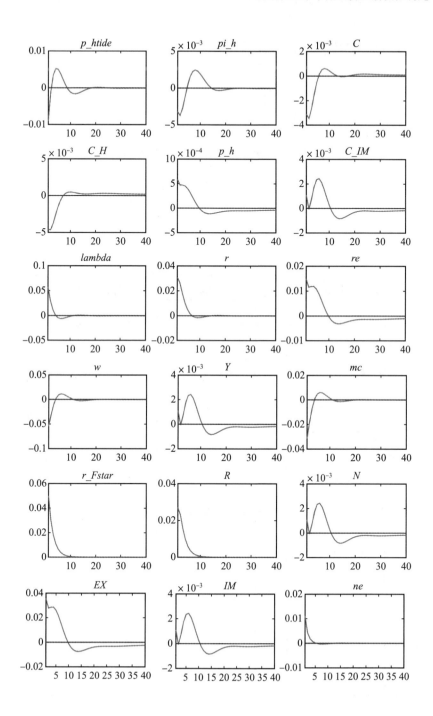

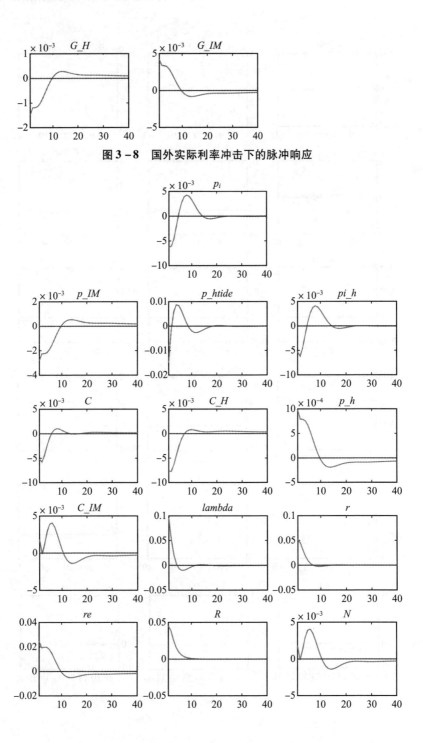

图3-8 国外实际利率冲击下的脉冲响应

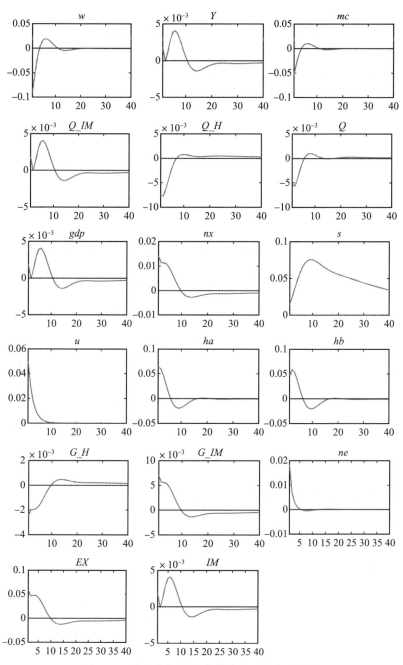

图 3 - 9 外汇市场风险溢价冲击下的脉冲响应

1. 本国厂商生产技术进步对本国物价的影响

图 3 - 2 为在一个正的标准差的本国厂商生产技术冲击下，各内生变量从 0 ~ 40 期的脉冲响应。本国厂商生产技术进步，本国物价短期出现负向反应，对本国物价产生下降压力，5 期后变为正值，在第 8 期达到最高点，从第 20 期后逐渐平稳，收敛于 0。本国厂商生产技术进步首先会对本国厂商生产的实际边际成本产生影响，短期内会使其下降，此时厂商扩大其生产规模可以使其获得更多的利润，导致产出增加。本国厂商生产技术进步使厂商不想在原来的工资水平下雇佣更多的劳动力，在雇佣劳动力减少的情况下也能保持同样的利润水平，这样就导致了实际工资下降。实际工资下降进一步降低本国厂商实际边际成本，本国厂商实际边际成本下降对国内物价①产生向下的压力，最终导致短期内本国物价下降。则本国厂商生产技术进步的传导途径可概括为：本国厂商生产技术进步→劳动需求↓→实际工资↓→实际边际成本↓→国内物价↓→本国物价↓。随着本国物价下降，央行采取降低本国名义利率的方式稳定物价，所以本国物价下降的状况不会持久。

2. 本国消费偏好增加对本国物价的影响

图 3 - 3 为在一个正的标准差的本国消费偏好冲击下，各内生变量从 0 ~ 40 期的脉冲响应。本国消费偏好增加，本国物价短期出现正向反应，使本国物价上升，5 期后变为负值，在第 9 期达到最低点，从第 23 期后逐渐平稳，收敛于 0。本国消费偏好增加，消费者会把更多的

---

① 这里的国内物价指的是国内消费物价指数 $\pi_{h,t}$。

收入用于消费，促使本国消费需求增加，进而本国产品总需求增加，本国产品总需求的增加一方面表现为国内需求的增加，另一方面表现为进口需求的增加。进口需求增加导致进口物价上升，本国厂商为了满足国内需求增加就会生产更多的产品，雇佣更多的劳动力，这样迫使实际工资上升。劳动需求（就业）增加工资上升使居民收入增加，进一步导致了本国产品需求的增加。由于本国厂商实际边际成本上升对国内物价产生了向上的压力，最终导致本国物价上升。则本国消费偏好增加的传导途径可概括为：本国消费偏好增加→本国消费需求↑

→本国产品总需求↑→
┌→国内产品需求↑→本国厂商总产量↑→劳动需求↑→实际工资↑→本国实际生产成本↑→国内物价↑
└→进口产品需求↑→进口物价↑

本国物价↑。央行在 2 个季度后采取提高本国名义利率的方式稳定物价。

3. 本国政府实际支出增加对本国物价的影响

图 3 - 4 为在一个正的标准差的本国政府实际支出冲击下，各内生变量从 0 ~ 40 期的脉冲响应。本国政府实际支出增加，本国物价短期出现正向反应，使本国物价上升，4 期后变为负值，在第 8 期达到最低点，从第 20 期后逐渐平稳，收敛于 0。本国政府实际支出增加直接导致了总需求的增加，本国产品总需求的增加一方面表现为国内需求的增加，另一方面表现为进口需求的增加。本国厂商为了满足国内需求增加就会生产更多的产品，雇佣更多的劳动力，这导致就业机会的增加，并对工资产生向上的压力。随着实际工资的上升，生产的实际边际成本开始上升，国内物价上升，对本国物价产生向上的压力。则本国政府实际支出增加的传导途径可概括为：

本国政府实际支出增加→本国产品总需求↑→国内产品需求↑→劳动需求↑→实际工资↑→实际边际成本↑→国内物价↑→本国物价↑。随着本国物价的上升，央行采用提高本国名义利率的措施稳定物价。

4. 国外物价上涨对本国物价的影响

图 3 - 5 为在一个正的标准差的国外物价①冲击下，各内生变量从 0 ~ 40 期的脉冲响应。国外物价上涨，本国物价短期出现正向反应，本国物价上升，在第 3 期达到最高点，10 期后变为负值，从第 17 期后逐渐平稳，收敛于 0。国外物价上涨，导致国内物价相对便宜，出口增长，国内消费品需求增加，带动了本国产品生产的扩张，本国厂商部门对劳动力的需求量增加，实际工资上升，随着实际工资的上升，本国生产的实际边际成本开始上升，国内物价上升，对本国物价产生向上的压力。由于贸易顺差增大，国外净资产占国内生产总值的比例上升。同时由于国外物价上涨，本国厂商部门进口中间投入品的价格上涨，导致生产的实际边际成本上升，国内物价上升，对本国物价产生向上的压力。另一方面，国外物价上涨导致进口消费品价格水平上升，本国物价上升。则国外物价上涨的传导途径可概括为：

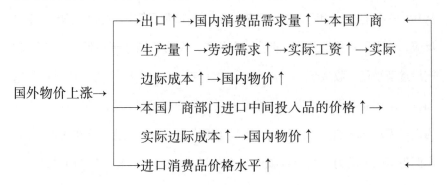

_____

① 这里的国外物价指的是国外消费物价指数 π_t^*。

→本国物价↑。随着本国物价上升，央行提高本国名义利率稳定物价。

5. 本国名义利率提高对本国物价的影响

图 3 - 6 为在一个正的标准差的本国名义利率冲击下，各内生变量从 0 ~ 40 期的脉冲响应。提高本国名义利率，本国物价短期出现负向反应，本国物价下降，在第 2 期达到最低点，4 期后变为正值，从第 13 期后逐渐平稳，收敛于 0。提高本国名义利率将导致消费的跨期替代，本国居民消费需求迅速下降，随着国内消费需求下降，本国产品总需求随之下降，从而本国厂商总产量也下降，导致本国厂商对劳动力的需求量下降，实际工资随之下降，随着实际工资的下降，生产的实际边际成本开始下降，对国内物价产生向下的压力，本国物价下降。提高本国名义利率导致实际汇率下降，本币实际升值，本币升值提高了本国出口产品的外币价格，使得本国出口大幅下降，这对于本已面临国内需求萎缩的本国厂商而言无疑是雪上加霜，本国出现贸易逆差，净国外资产占 GDP 的比例变为负值。此后，随着本国名义利率逐渐恢复稳态水平，本国居民消费逐渐回升，产出和价格也随之向稳态水平回复。在外汇市场，随着名义利率的下降，名义汇率开始上升。则本国名义利率冲击的传导途径可概括为：本国名义利率提高→本国产品总需求↓→国内市场对国内生产的产品的总需求↓→本国厂商总产量↓→劳动需求↓→实际工资↓→实际边际成本↓→国内物价↓→本国物价↓。

6. 国外总需求增加对本国物价的影响

图 3 - 7 为在一个正的标准差的国外总需求冲击下，各内生变量从 0 ~ 40 期的脉冲响应。国外总需求增加，本国物价短期出现正向反应，

本国物价上升，在第 2 期达到最高点，6 期后变为负值，从第 14 期后逐渐平稳，收敛于 0。国外总需求增加加大了国外对本国出口产品的需求，本国出口增加，带动本国厂商部门总产量增加，劳动力需求增加，进而实际工资上涨，实际边际成本上升，国内物价上升，导致本国物价上升。则国外总需求增加的传导途径可概括为：国外总需求增加→出口↑→本国厂商总产量↑→劳动需求↑→实际工资↑→实际边际成本↑→国内物价↑→本国物价↑。随着本国物价上升，本国央行提高本国名义利率稳定物价。

7. 国外实际利率提高对本国物价的影响

图 3 - 8 为在一个正的标准差的国外实际利率冲击下，各内生变量从 0 ~ 40 期的脉冲响应。国外实际利率提高，本国物价短期出现负向反应，本国物价下降，4 期后变为正值，第 8 期达到最高点，从第 14 期后逐渐平稳，收敛于 0。当国外实际利率提高时，投资者会卖出本币，买入外币，因此国际金融市场上对外币的需求增加，对本币的需求下降，名义汇率上升，本币贬值。这增加了当期本国产品出口需求，出口增加，带动本国厂商部门总产量增加，实际国内生产总值增加，随着实际国内生产总值增加和名义汇率上升，本国央行提高名义利率稳定物价。提高本国名义利率将导致消费的跨期替代，国内消费需求迅速下降，对国内物价产生向下的压力，本国物价下降。必须强调的是，利用本研究 DSGE 模型对国外利率冲击进行的分析存在较大局限性。由于本研究模型实际上是一个小国开放经济模型，国外实际利率冲击被处理为独立于国外其他变量的外生随机过程，而现实经济中国外实际利率提高会引起国外总需求下降和国外物价上升，进而同时带来国外总需求和国外物价冲击。

则国外实际利率提高的传导途径可概括为：国外实际利率上升→名义汇率↑→出口↑→本国厂商总产量↑→实际国内生产总值↑→本国名义利率↑→国内消费需求↓→国内物价↓→本国物价↓。

8. 外汇市场风险溢价增加对本国物价的影响

图 3 - 9 为在一个正的标准差的外汇市场风险溢价冲击下，各内生变量从 0 ~ 40 期的脉冲响应。外汇市场风险溢价增加，本国物价短期出现负向反应，本国物价下降，4 期后变为正值，第 8 期达到最高点，从第 22 期后逐渐平稳，收敛于 0。当外汇市场风险溢价增加时，导致名义汇率上升，本币贬值，本币贬值降低了本国出口产品的外币价格，使得本国出口大幅增加，本国厂商总产量增加，实际国内生产总值增加，随着实际国内生产总值增加和名义汇率上升，本国央行提高名义利率稳定物价。提高本国名义利率将导致消费的跨期替代，国内消费需求迅速下降，对国内物价产生向下的压力，本国物价下降。则外汇市场风险溢价增加的传导途径可概括为：外汇市场风险溢价增加→名义汇率↑→出口↑→本国厂商总产量↑→实际国内生产总值↑→本国名义利率↑→国内消费需求↓→国内物价↓→本国物价↓。

3.3.2　本国物价的理论方差分解

脉冲响应函数是随着时间的推移，观察模型中的各变量对于冲击是如何反应的，然而对于只是简单地说明变量间的影响关系又稍稍过细了一些。因此，我们选择了定量但相当简单地把握变量间影响关系的方法——方差分解方法。利用此方法可以简单地分析哪种外生冲击对相关经济变量的影响程度较大,以及造成了多大的影响。针对我国而言,伴随着经济发展模式的转变及经济政策和制度的不断调整,影响我国物价波动的因素更多,影响的机制也更为复杂。因此,对我国物价波动进行分析,判断和识别我国物价波动的根源,对经济政策制定、经济结构的调整均具有重要意义。基于此,本研究在各种外生冲击中,找出影响我国物价波动的主要因素,进而为制定稳定物价的政策措施提供有力支持。

为了研究的方便,我们将影响本国物价波动的 8 个外生冲击分成 5 类,分别是供给冲击、需求冲击、货币冲击、财政冲击及外汇市场风险溢价冲击。供给冲击包括本国厂商生产技术冲击和国外物价冲击,需求冲击包括本国消费偏好冲击和国外总需求冲击[①],货币冲击包括本国名义利率冲击和国外实际利率冲击,财政冲击包括本国政府实际支出冲击,最后一类是外汇市场风险溢价冲击。经研究发现 12 个季度后,各冲击对本国物价波动的贡献率基本保持不变,因此我们把 12 个季度以后的时期称为长期。本国物价波动的方差分解结果见表 3 - 4 和图 3 - 10。

表 3 - 4　　　　　　　本国物价波动的影响因素贡献率　　　　　　单位: %

期间	供给冲击		需求冲击		货币冲击		财政冲击	外汇市场风险溢价冲击
	本国厂商生产技术冲击	国外物价冲击	本国消费偏好冲击	国外总需求冲击	本国名义利率冲击	国外实际利率冲击		
1 个季度	28.25	46.57	0.14	0.01	0.02	5.99	2.36	16.65

---

①　虽然本国政府实际支出冲击也属于需求冲击,但为了对比货币政策与财政政策对物价水平的影响,此处我们把它化为财政政策。

续表

期间	供给冲击		需求冲击		货币冲击		财政冲击	外汇市场风险溢价冲击
	本国厂商生产技术冲击	国外物价冲击	本国消费偏好冲击	国外总需求冲击	本国名义利率冲击	国外实际利率冲击		
4 个季度	8.35	84.86	0.09	0.1	0.04	1.62	0.43	4.51
8 个季度	7.65	86.22	0.07	0.07	0.03	1.47	0.4	4.09
12 个季度	8.77	83.87	0.11	0.08	0.03	1.77	0.45	4.93
长期	8.77	83.85	0.11	0.08	0.03	1.78	0.45	4.94

注：数据来源于本章模型的模拟结果。

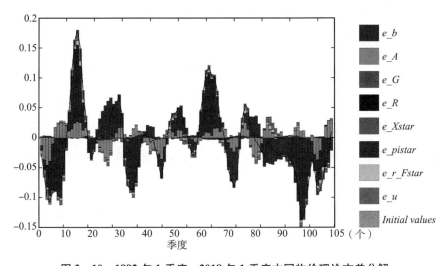

图 3 – 10　1992 年 1 季度 ~ 2018 年 1 季度本国物价理论方差分解

从表 3 – 4 和图 3 – 10 中可以看出，无论短期还是长期，影响本国物价波动最重要的两个因素是供给冲击和外汇市场风险溢价冲击。影响物价波动供给冲击和外汇市场风险溢价冲击对本国物价波动的长期贡献率分别是 92% 和 5% 左右，其他冲击对本国物价波动的影响较小。

供给冲击中主要是国外物价冲击对本国物价波动的影响较大，国外物价冲击对本国物价波动的短期贡献率在47%左右，长期贡献率在84%左右，而本国厂商生产技术冲击对本国物价波动的短期贡献率在28%左右，长期贡献率仅在9%左右，但长期看，它也是影响物价波动的一个重要的因素。上述结果表明，要达到稳定物价的目的，应该重点依靠供给管理政策。虽然货币冲击和财政冲击不是影响本国物价波动的主要因素，但这两种冲击对本国物价波动的影响还是有差异的，货币冲击对本国物价波动的贡献率大于财政冲击，货币冲击和财政冲击对本国物价波动的长期贡献率分别在1.8%和0.5%左右，货币政策中国外实际利率冲击对本国物价波动的贡献率大于本国名义利率冲击的贡献率。根据本研究结果，本国名义利率冲击对本国物价波动的影响不大，反映了我国企业、居民等微观经济主体对于利率不够敏感，利率市场化改革尚未最终完成的事实；另一方面也可能与本研究参数估计选取的样本期有关。同时，也要关注外汇市场风险溢价冲击，它对本国物价波动的长期贡献率在17%左右，长期贡献率在4%左右，比较重要。

本章分析了供给冲击、需求冲击、货币冲击、财政冲击以及外汇市场风险溢价冲击对我国物价波动的影响。结果发现供给冲击是影响我国物价波动的最重要因素，特别是供给冲击中的国外物价冲击，对本国物价波动的长期贡献率在83%左右。因此，为了稳定物价，应该做好供给管理政策，关注国外物价波动和本国厂商生产技术进步，同时也要关注外汇市场风险溢价因素，需求冲击、货币政策和财政政策对我国物价波动的影响都不显著。关于我国目前实行的货币政策研究主要分为以利率规则为目标、以货币供应量规则为目标和以混合规则为目标三种类型。

本章研究了基于四部门经济主体的开放经济 DSGE 模型下，货币政策为利率规则的各外生冲击对物价波动的影响，在随后两章的改进和扩展中遵循这个原则，分别考虑货币供给量规则和混合规则，力求找到适合我国的稳定物价的货币政策，并与其他冲击结果所采取的措施相配套，设计出一套稳定物价的政策体系。

第 4 章
货币供应量规则下中国物价波动模拟研究

将货币引入开放经济 DSGE 模型研究我国物价波动不是一件容易确是十分有意义的事。塞朝斯基（Sidrauski，1967）最早提出了货币引入模型的货币效用模型，假设货币的益处可以使用效用函数表达。考虑到货币为经济体系提供服务，认为持有的货币实际余额越多，交易的时间成本越少，与人发生交易越便利，并能够提高保险降低局部或系统性风险等，因此将货币实际余额引入本国家庭效用函数中就具有了合理的意义。长期以来，我国采用货币供应量的货币政策对物价作出反应，因此在模型中引入货币具有重要的政策含义。

4.1 货币供应量规则下开放经济
DSGE 模型的构建

为了研究具有中国特色的货币供应量规则下各因素对中国物价波动

的影响，我们重点修改了本国家庭部门和本国政府部门的行为决策方程，在本国家庭部门的效用函数中加入了实际货币余额，本国政府部门的央行政策由利率规则改为货币供应量规则，本国厂商部门和国外部门的行为决策不做调整，本章不再赘述与利率规则情况相同的公式及含义。

4.1.1 加入实际货币余额的本国家庭部门的行为方程

假定经济中连续的具有无限寿命的代表性家庭在每一期通过消费、金融资产持有以及劳动供给等决策来最大化其一生效用的现值，效用函数满足可加可分性，其形式为：

$$\max E_0 \sum_{t=0}^{\infty} \beta^t \left[b_t \frac{\sigma}{\sigma-1} (C_t - hC_{t-1})^{\frac{\sigma-1}{\sigma}} + \frac{\gamma}{\gamma-1} \left(\frac{M_t}{P_t} \right)^{\frac{\gamma-1}{\gamma}} - \frac{\phi}{\phi+1} N_t^{\frac{\phi+1}{\phi}} \right]$$

$$(4.1)$$

其中，γ 为货币需求利率弹性，M_t 为 t 期本国家庭名义货币持有量，P_t 为第 t 期本国消费物价水平，$\frac{M_t}{P_t}$ 为第 t 期本国家庭持有的实际货币余额水平。

家庭在最大化其一生效用时受到的跨期预算约束为：

$$M_{t-1} + W_t N_t + B_{H,t-1}(1 + R_{t-1}) + ne_t B_{F,t-1}^* \Psi(s_{t-1})(1 + R_{F,t-1}^*) +$$

$$DIV_t \geq M_t + P_t C_t + B_{H,t} + ne_t B_{F,t}^* + T_t \qquad (4.2)$$

假设家庭预算约束对应的拉格朗日乘子为 λ_t，对式（4.1）和（4.2）构造拉格朗日函数，即：

$$L = E_0 \sum_{t=0}^{\infty} \beta^t \left[b_t \frac{\sigma}{\sigma-1} (C_t - hC_{t-1})^{\frac{\sigma-1}{\sigma}} + \frac{\gamma}{\gamma-1} \left(\frac{M_t}{P_t} \right)^{\frac{\gamma-1}{\gamma}} - \frac{\phi}{\phi+1} N_t^{\frac{\phi+1}{\phi}} \right] +$$

$$\lambda_t \left[(M_{t-1} + W_t N_t + B_{H,t-1}(1 + R_{t-1}) + ne_t B_{F,t-1}^* \Psi(s_{t-1}) \right.$$

$$(1 + R_{F,t-1}^*) + DIV_t - M_t - B_{H,t} - ne_t B_{F,t}^* - T_t/P_t - C_t] \qquad (4.3)$$

对式（4.3）求关于货币持有量的偏导，化简后可得货币余额的一阶条件：

$$\left(\frac{M_t}{P_t}\right)^{-\frac{1}{\gamma}} + \beta E_t(\lambda_{t+1}/\pi_{t+1}) = \lambda_t \qquad (4.4)$$

以 m_t 表示本国家庭持有的实际货币余额，其表达式如下：

$$m_t = \frac{M_t}{P_t} \qquad (4.5)$$

4.1.2 本国政府部门货币政策中的货币供应量规则

基于过去我国通常采用货币供应量增长率与信贷规模方式稳定物价，并对名义汇率变动进行积极干预，我们使用如下货币数量法则：

$$\ln(u_{M,t}) = (1 - \rho_{u_M})\ln(\bar{u}_M) + \rho_{u_M}\ln u_{M,t-1} - (1 - \rho_{u_M})[\rho_\pi \ln(\pi_t/\bar{\pi})$$
$$+ \rho_{gdp}\ln(gdp_t/\overline{gdp}) + \rho_{ne}\ln(ne_t/\overline{ne})] + e_{u_{M,t}} \qquad (4.6)$$

$e_{u_{M,t}}$ 为本国名义货币供应增长率冲击，$e_{u_{M,t}} \sim (0, \sigma_{u_M}^2)$。参数 ρ_{u_M} 的值处于 0~1 之间，反映了本国名义货币供应量政策的持续性，其值越接近于 l 说明本国名义货币供应量政策的持续性越强，越接近于 0 则说明本国名义货币供应政策的持续性越弱。参数 ρ_π、ρ_{gdp}、ρ_{ne} 分别反映本国央行货币供给政策对本国消费物价指数、实际国内生产总值和名义汇率的反应系数。对于逆经济周期的货币政策而言，$\rho_\pi > 0$ 即本国消费物价过高时，紧缩货币供应量；$\rho_{gdp} > 0$ 即经济增长过快时，适当紧缩货币供应量，保证经济持续平稳增长；$\rho_{ne} > 0$ 即本国货币出现贬值压力时，央行会降低货币供应量，本国货币出现升值压力时，央行会提高货币供应。

其中，$u_{M,t}$ 为本国名义货币供应增长率，即 $u_{M,t} = M_t / M_{t-1}$，结合式 (4.5) 得到本国名义货币供应增长率方程：

$$u_{M,t} = (M_t / P_t) / (M_{t-1} / P_{t-1}) * (P_t / P_{t-1}) = m_t / m_{t-1} * \pi_t \qquad (4.7)$$

4.2 货币供应量规则下模型稳态、对数线性化、参数估计及评估的相应处理

本节仅列出本章第一节中相应公式的稳态、对数线性化、所涉及的参数估计及评估。

4.2.1 模型稳态及对数线性化的相应处理

本国家庭所持有的实际货币余额一阶条件稳态：

$$(\bar{m})^{\frac{1}{\gamma}} = (1 - \beta) \bar{\lambda} \qquad (4.8)$$

本国家庭所持有的实际货币余额一阶条件对数线性化：

$$-\frac{1}{\gamma} \hat{m}_t = \hat{r}_t + \hat{\lambda}_{t+1} \qquad (4.9)$$

本国央行货币政策对数线性化：

$$\hat{u}_{M,t} = \rho_{u_M} \hat{u}_{M,t-1} - (1 - \rho_{u_M}) [\rho_\pi \rho_\pi \hat{\pi}_t + \rho_{gdp} \hat{gdp} + \rho_{ne} \hat{ne}_t] +$$
$$e_{u_{M,t}}, \ e_{u_{M,t}} \sim (0, \sigma^2_{u_M}) \qquad (4.10)$$

本国名义货币供应增长率方程对数线性化：

$$\hat{u}_{M,t} = \hat{m}_t - \hat{m}_{t-1} + \hat{\pi}_t \qquad (4.11)$$

4.2.2 参数估计及评估的相应处理

本章模型中的外生冲击同样包括 8 个，在第 2 章模型基础上增加了本国名义货币供应增长率冲击（$e_{u_M,t}$），去掉了本国名义利率冲击（$e_{R,t}$）。这里选择的可观测变量同样包括 5 个经济指标，增加了本国名义货币供应增长率 u_M，去掉了本国实际利率 r。按照数据可得性，本国名义货币供应增长率季度数据采用广义货币供应量（M₂）① 数据计算，样本区间为 1992 年第 1 季度至 2018 年第 1 季度，共 105 个数据样本，数据来源于中经网统计数据库。我们同样需要对本国名义货币供应增长率样本作平稳化处理，减去样本均值后的本国名义货币供应增长率相应处理结果见图 4 – 1。

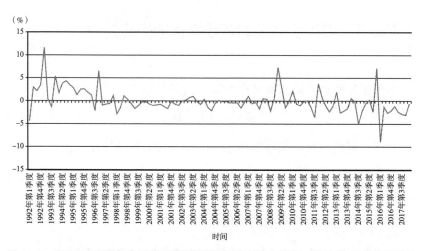

图 4 – 1 1992 ~ 2018 年本国名义货币供应增长率季度数据对稳态值偏离的百分比

① 根据 2001 年中国人民银行修订货币供应量统计口径，我国现行对货币层次的划分是：M_0 = 流通中现金狭义货币；$M_1 = M_0 +$ 可开支票进行支付的单位活期存款广义货币；$M_2 = M_1 +$ 居民储蓄存款 + 单位定期存款 + 单位其他存款 + 证券公司客户保证金；另外还有 $M_3 = M_2 +$ 金融债券 + 商业票据 + 大额可转让定期存单等。其中，M_2 减 M_1 是准货币（quasi-money），M_3 是根据金融工具的不断创新而设置的。

1. 参数的相应估计

本章需要另外进行相应估计的参数有 6 个，分别是 γ、ρ_{u_M}、ρ_π、ρ_{gdp}、ρ_{ne}、σ_{u_M}。根据李松华（2013）将本国家庭部门货币需求的利率弹性 γ 校准为 0.5995，采用基于 MCMC 的贝叶斯估计方法对模型其余参数进行估计，参考张伟进（2014）的研究以及其他文献，将本国央行货币供应政策对本国消费物价指数的反应系数 ρ_π 的先验分布设定为均值 1.5、标准差 0.3 的正态分布，将对实际国内生产总值的反应系数 ρ_{gdp} 设定为均值 0.12、标准差 0.05 的正态分布，将对名义汇率的反应系数 ρ_{ne} 设定为均值 0.5、标准差 0.15 的正态分布，本国名义货币供应量政策的持续性参数 ρ_{u_M} 设定为均值 0.5、标准差 0.15 的 Beta 分布，与其他外生冲击一样，将本国名义货币供应增长率外生冲击标准差的先验分布设定为均值 0.05、标准差 $+\infty$ 的逆 Gamma 分布。

附录 B 中图 B1 列示了 MCMC 单变量收敛性检验结果，从中可以看出，参数的收敛性检验基本可以通过，考虑到样本点十分有限，因此可认为所有变量都通过了 MCMC 收敛性检验。附录 B 中图 B2 列示的是 MCMC 多变量收敛性检验结果，从中可以看出，随着模拟次数的增加，两组模拟链的收敛性度量指标很快收敛，并且较为稳定，表明估计是稳健的，估计结果总体而言可以接受。

表 4 - 1 的第四列和第五列分别是待估参数的后验均值以及后验均值 90% 的置信区间，附录 B 中图 B3 列示的是先验分布和后验分布的概率密度图。从附录 B 中图 B3 看出，相对于先验分布，待估参数后验分布的标准差几乎都变小。对于外汇市场风险溢价参数 η，后验均值相对于先验均值变化不大，后验均值为 0.0016，说明对这一参数样本数据中包含较

少的信息。本国名义货币供应政策参数 ρ_{u_M}、ρ_{ne} 的后验分布相对于先验均向右移动，ρ_{u_M} 的后验分布均值为 0.5151，说明本国名义货币供应政策具有一定的持续性，ρ_{gdp}、ρ_{π} 的后验分布相对于先验均向左移动。ρ_{gdp}、ρ_{π}、ρ_{ne} 的后验均值分别为 0.1039、1.1446、0.5873，说明本国名义货币供应政策对于本国消费物价偏离稳态水平的反映最激烈，其次是名义汇率，而对实际国内生产总值的反应最弱。外生冲击的一阶自回归系数度量了外生冲击的持续性，ρ_b、$\rho_{r_F^*}$、ρ_{μ} 的后验均值略小于先验，ρ_G、ρ_A、ρ_{X^*}、ρ_{π^*} 的后验均值略大于先验。所有外生冲击标准差中，σ_{μ}、σ_A、σ_G、σ_{u_M} 的后验分布均值均大于先验分布，σ_b、σ_{X^*}、σ_{π^*} 的后验分布均值均小于先验，意味着样本数据中对这些参数包含一定的信息，$\sigma_{r_F^*}$ 的后验分布均值与先验相同，说明对这一参数样本数据中包含较少的信息。国外总需求冲击标准差 σ_{X^*} 的后验均值的估计值最大，达到 0.0536，其次是本国名义货币供应量增长率冲击，达到 0.0534。贝叶斯估计方法下的相应参数估计结果见表 4-1。

表 4-1 相应参数的贝叶斯估计结果

参数	含义	先验分布	后验均值	90%置信区间
η	外汇风险溢价参数	$\Gamma(0.0015, 0.0005)$	0.0016	$(0.0008, 0.0024)$
$\rho_{u_M}^{**}$	本国名义货币供应量政策的持续性参数	$B(0.5, 0.15)$	0.5151	$(0.4652, 0.5648)$
ρ_{π}^{**}	本国央行货币供应政策对本国消费物价指数的反应系数	$N(1.5, 0.3)$	1.1446	$(0.7874, 1.4889)$
ρ_{gdp}^{**}	本国央行货币供应政策对实际国内生产总值的反应系数	$N(0.12, 0.05)$	0.1039	$(0.0332, 0.1784)$
ρ_{ne}^{**}	本国央行货币供应政策对名义汇率的反应系数	$N(0.5, 0.15)$	0.5873	$(0.4418, 0.7338)$

续表

参数	含义	先验分布	后验均值	90%置信区间
ρ_b	本国消费偏好冲击自回归系数	B(0.6, 0.2)	0.5922	(0.4610, 0.7085)
$\rho_{r_F^*}$	国外实际利率自回归系数	B(0.6, 0.2)	0.5890	(0.3715, 0.8275)
ρ_A	本国生产技术冲击自回归系数	B(0.6, 0.2)	0.6040	(0.4942, 0.7191)
ρ_G	本国政府实际支出冲击自回归系数	B(0.6, 0.2)	0.6505	(0.5267, 0.7626)
ρ_{X^*}	国外总需求冲击自回归系数	B(0.6, 0.2)	0.6162	(0.3348, 0.9354)
ρ_{π^*}	国外消费物价指数冲击自回归系数	B(0.6, 0.2)	0.6546	(0.5303, 0.7903)
ρ_μ	外汇市场风险溢价冲击自回归系数	B(0.6, 0.2)	0.5181	(0.3725, 0.6684)
σ_b	本国消费偏好冲击标准差	Γ^{-1}(0.05, ∞)	0.0491	(0.0435, 0.0545)
σ_A	本国生产技术冲击标准差	Γ^{-1}(0.05, ∞)	0.0509	(0.0416, 0.0601)
$\sigma_{r_F^*}$	国外实际利率冲击标准差	Γ^{-1}(0.05, ∞)	0.0500	(0.0123, 0.1001)
σ_G	本国政府支出冲击标准差	Γ^{-1}(0.05, ∞)	0.0536	(0.0477, 0.0592)
σ_{X^*}	国外总需求冲击标准差	Γ^{-1}(0.05, ∞)	0.0407	(0.0137, 0.0785)
σ_{π^*}	国外消费物价指数冲击标准差	Γ^{-1}(0.05, ∞)	0.0428	(0.0323, 0.0530)
σ_μ	外汇市场风险溢价冲击标准差	Γ^{-1}(0.05, ∞)	0.0533	(0.0248, 0.0770)
$\sigma_{u_M}^{**}$	本国名义货币供应增长率冲击标准差	Γ^{-1}(0.05, ∞)	0.0534	(0.0468, 0.0591)

注：$B(u, \sigma)$、$N(u, \sigma)$、$\Gamma(u, \sigma)$ 和 $\Gamma^{-1}(u, \sigma)$ 分别表示均值 u、标准差 σ 的 Beta 分布、正态分布、Gamma 分布和逆 Gamma 分布，用 ** 标志的变量代表修正的变量。

2. 货币供应量规则下的模型评估

计算出所选择的包含本国名义货币供应增长率 u_M 的 5 个可观测经济变量的标准差及各变量与实际国内生产总值 gdp 的同期相关系数，并将计算结果与相应经济变量的模拟数据进行比较（见表 4 - 2）。对于同期相关系数，从实际经济数据分析结果来看，本国名义货币供应增长率 u_M

与 gdp 同期正相关；从模拟数据分析结果看，各变量与 gdp 的同期相关系数都为正，说明各变量与 gdp 具有相同的波动方向，呈现顺周期性，这与实际数据的结论基本一致。模拟数据中与 gdp 同期相关系数最大的变量是本国出口总量 $EX(0.893)$，与实际数据结论一致。对于同期相关系数，本国政府实际支出 G 与 gdp 同期相关系数的模拟结果更接近实际数据。对于标准差，从实际经济数据分析结果来看，标准差最大的变量是本国政府实际支出 $G(0.277)$，模拟数据中标准差最大的变量是本国出口总量 EX (0.272)；模拟数据与实际数据各变量中标准差比较接近的是本国名义货币供应增长率 u_M、实际国内生产总值 gdp、本国物价指数 π。总的来看，模型的模拟效果基本上反映了我国经济的波动性和周期性问题，可以接受利用该开放经济 DSGE 模型分析货币供应量规则下我国的物价波动问题。

表 4 - 2   相应变量的实际数据与模拟数据的标准差及与 gdp 的同期相关系数

类别		gdp	EX	π	G	u_M
实际数据	标准差	0.084	0.085	0.044	0.277	0.026
	相关系数	1	0.290	0.194	0.052	0.052
模拟数据	标准差	0.033	0.272	0.026	0.056	0.044
	相关系数	1	0.893	0.028	0.035	0.235

资料来源：实际数据根据 1992 ~ 2018 年各变量季度数据计算，模拟数据来源于本章模型的模拟结果。

4.3 货币供应量规则下脉冲响应及方差分解分析

下面分析货币供应量规则下 8 个外生冲击对我国消费物价的影响途

径，分别是本国消费偏好冲击、国外实际利率冲击、本国厂商生产技术冲击、本国政府实际支出冲击、本国名义货币供应增长率冲击、国外总需求冲击、国外消费物价指数冲击、外汇市场风险溢价冲击。通过研究本国物价的理论方差分解，得出货币供应量规则下影响本国物价的主要因素及影响程度。

4.3.1 货币供应量规则下本国物价对各外生冲击的脉冲响应分析

图 4－2 至图 4－9 均为在一个正的标准差的外生冲击下，各内生变量从 0～40 期的脉冲响应。以下各图中，横轴为冲击作用的滞后期间数（单位：季度），纵轴表示各变量对稳态值的对数偏离。

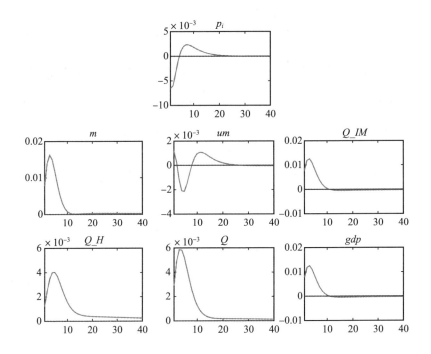

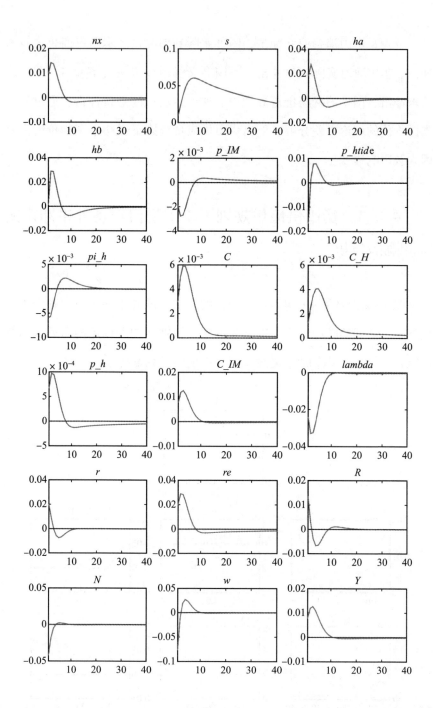

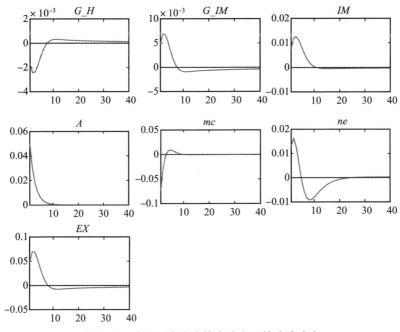

图 4 - 2 本国厂商生产技术冲击下的脉冲响应

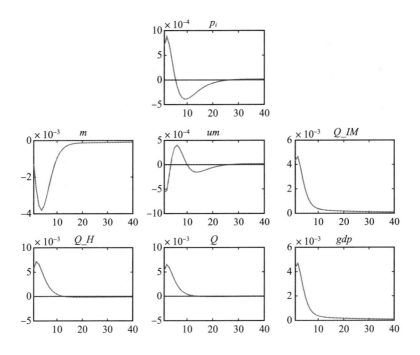

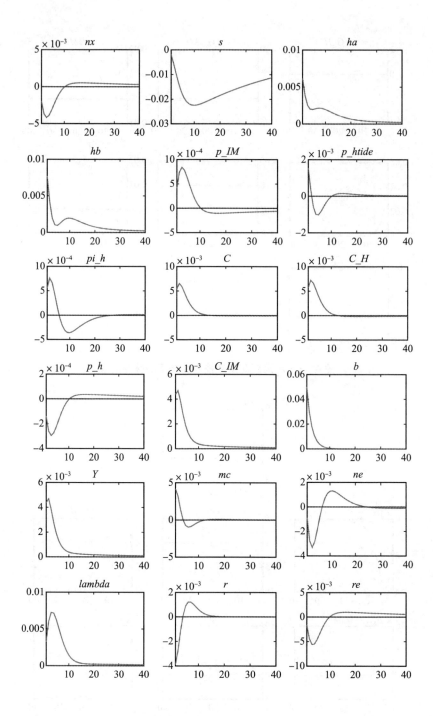

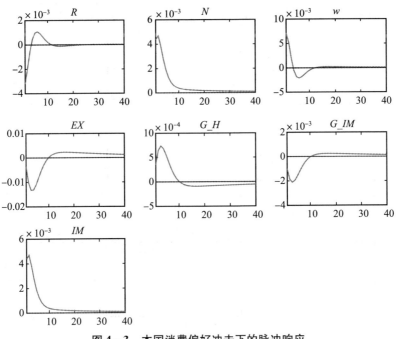

图 4 - 3 本国消费偏好冲击下的脉冲响应

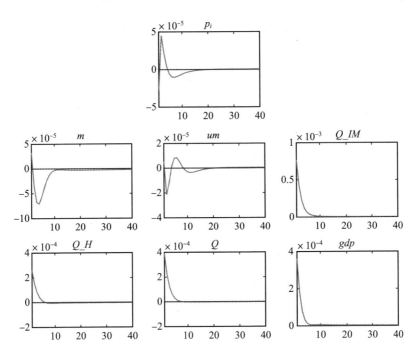

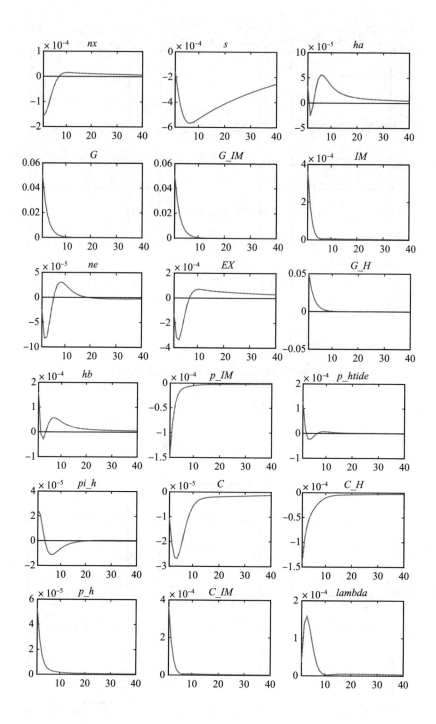

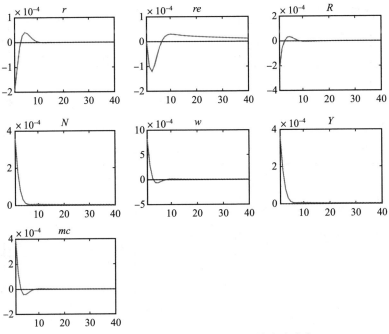

图 4 - 4　本国政府实际支出冲击下的脉冲响应

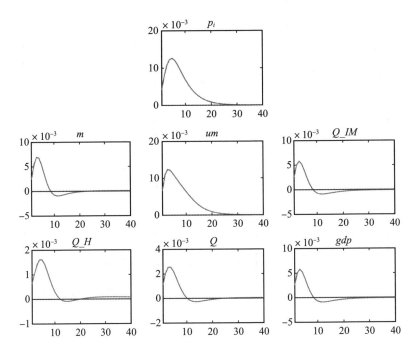

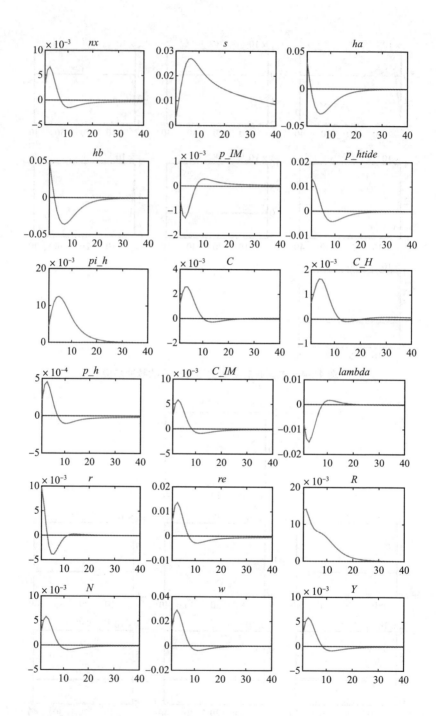

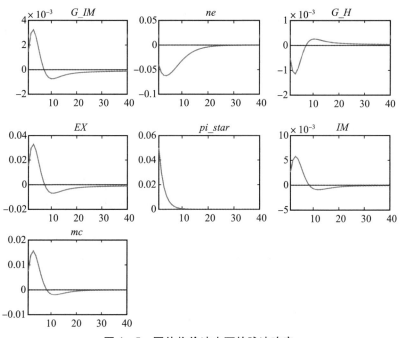

图 4 - 5 国外物价冲击下的脉冲响应

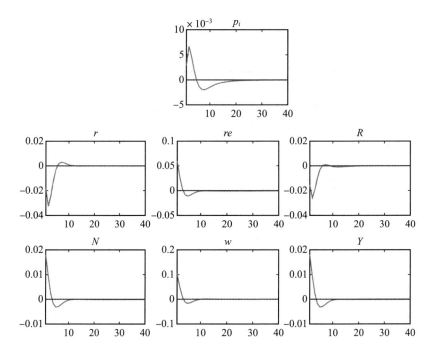

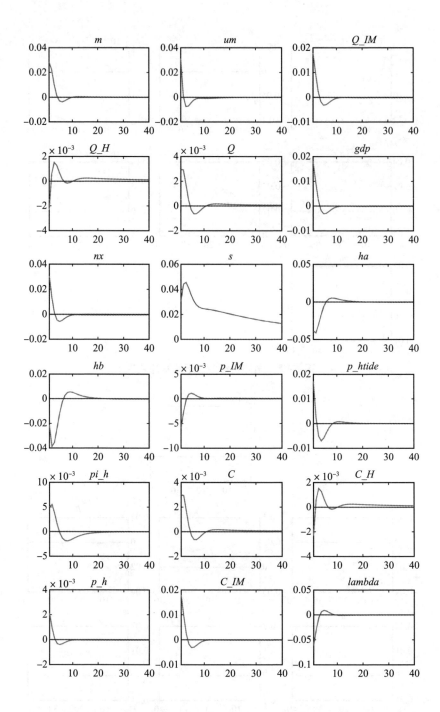

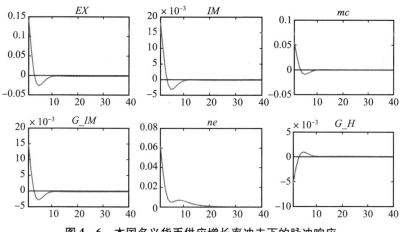

图4-6 本国名义货币供应增长率冲击下的脉冲响应

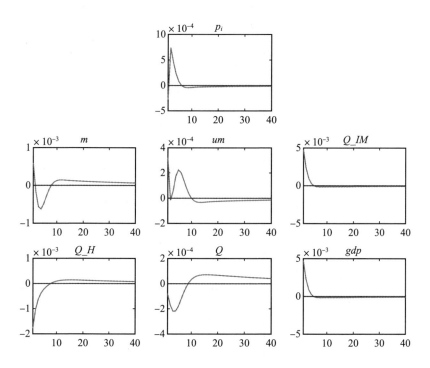

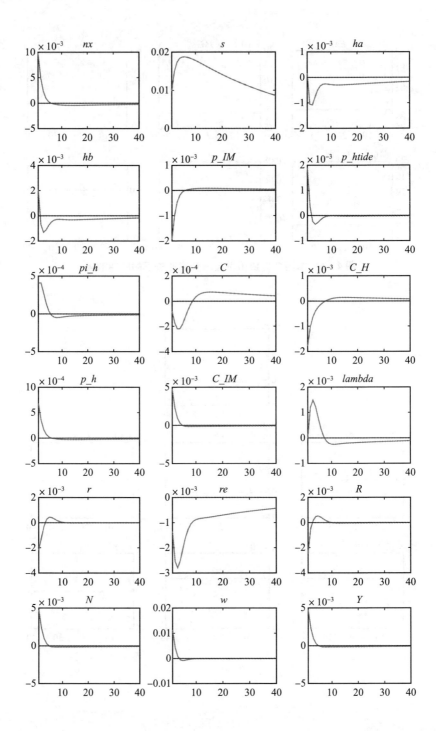

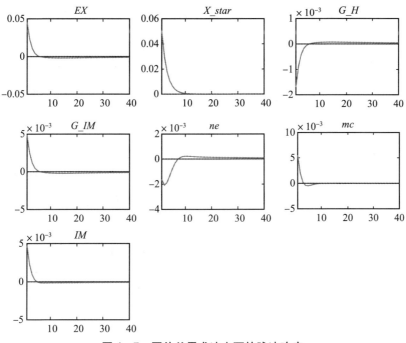

图 4 - 7　国外总需求冲击下的脉冲响应

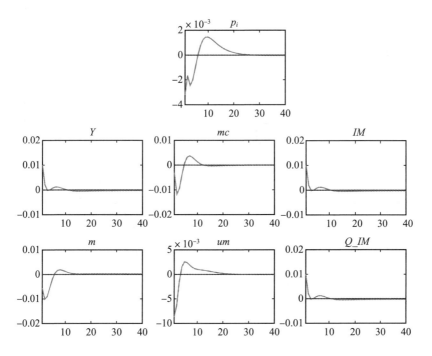

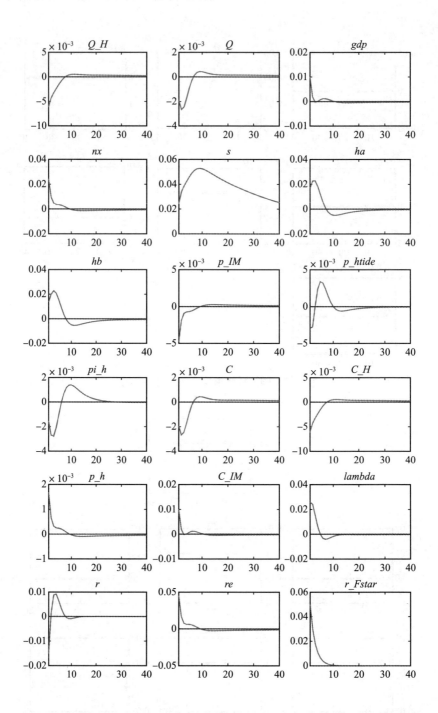

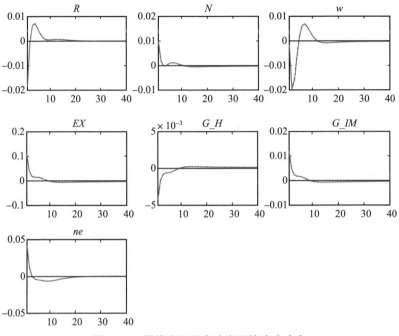

图 4 - 8　国外实际利率冲击下的脉冲响应

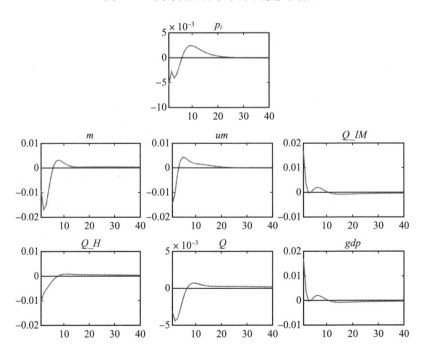

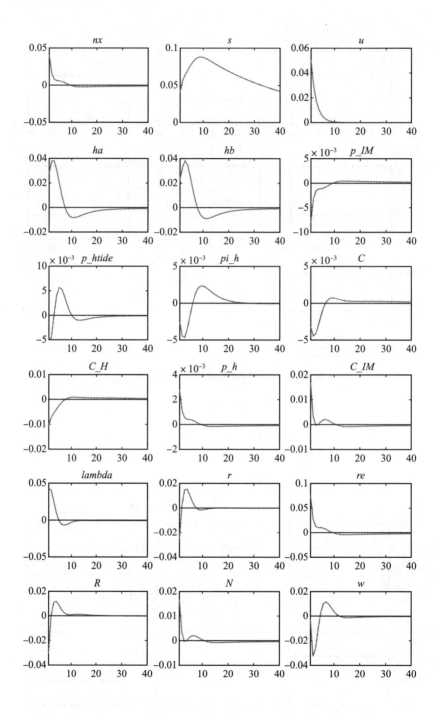

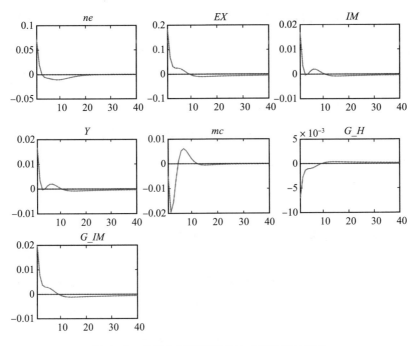

图 4 – 9　外汇市场风险溢价冲击下的脉冲响应

1. 本国厂商生产技术进步对本国物价的影响

图 4 – 2 为在一个正的标准差的本国厂商生产技术冲击下，各内生变量从 0～40 期的脉冲响应。本国厂商生产技术进步，本国物价短期出现负向反应，对本国物价产生下降压力，4 期后变为正值，在第 7 期达到最高点，从第 18 期后逐渐平稳，收敛于 0。相较于本国利率规则，本国货币供应量规则下本国厂商生产技术进步使本国物价波动幅度更小，达到平稳的时间更短。本国厂商生产技术进步首先会对本国厂商生产的实际边际成本产生影响，短期内会使其下降，此时厂商扩大其生产规模可以使其获得更多的利润，导致产出增加。本国厂商生产技术进步使厂商不想在原来的工资水平下雇佣更多的劳动力，在雇佣劳动力减少的情况

下也能保持同样的利润水平，这样就导致了实际工资下降。实际工资下降进一步降低本国厂商实际边际成本，本国厂商实际边际成本下降对国内物价产生向下的压力，最终导致短期内本国物价下降。则本国厂商生产技术进步的传导途径可概括为：本国厂商生产技术进步→劳动需求↓→实际工资↓→实际边际成本↓→国内物价↓→本国物价↓。随着本国物价下降，央行采取增加货币供应量的方式稳定物价，所以本国物价下降的状况不会持久。

2. 本国消费偏好增加对本国物价的影响

图4-3为在一个正的标准差的本国消费偏好冲击下，各内生变量从0~40期的脉冲响应。本国消费偏好增加，本国物价短期出现正向反应，使本国物价上升，5期后变为负值，在第9期达到最低点，从第23期后逐渐平稳，收敛于0。相较于本国利率规则，本国货币供应量规则下，本国消费偏好增加使本国物价波动幅度更小，达到平稳的时间更长。本国消费偏好增加，消费者会把更多的收入用于消费，促使本国消费需求增加，进而本国产品总需求增加，本国产品总需求的增加一方面表现为国内需求的增加，另一方面表现为进口需求的增加。进口需求增加导致进口物价上升，本国厂商为了满足国内需求增加就会生产更多的产品，雇佣更多的劳动力，这样迫使实际工资上升。劳动需求（就业）增加工资上升使居民收入增加，进一步导致了本国产品需求的增加。由于本国厂商实际边际成本上升对国内物价产生了向上的压力，最终导致本国物价上升。则本国消费偏好增加的传导途径可概括为：本国消费偏好增加→本国消费需求↑→本国产品总需求↑→

┌─→国内产品需求↑→本国厂商总产量↑→劳动需求↑→─┐
│　实际工资↑→本国实际生产成本↑→国内物价↑　　　│　→ 本
└─→进口产品需求↑→进口物价↑　　　　　　　　　　┘

国物价↑。随着本国物价上升，央行采取紧缩货币供应量的方式稳定物价，所以本国物价上升的状况不会持久。

3. 本国政府实际支出增加对本国物价的影响

图 4－4 为在一个正的标准差的本国政府实际支出冲击下，各内生变量从 0～40 期的脉冲响应。本国政府实际支出增加，本国物价短期出现正向反应，使本国物价上升，4 期后变为负值，在第 7 期达到最低点，从第 15 期后逐渐平稳，收敛于 0。相较于本国利率规则，本国货币供应量规则下，本国政府实际支出增加使本国物价波动幅度略小，达到平稳的时间略长。本国政府实际支出增加直接导致了总需求的增加，总需求的上升使本国厂商对劳动力的需求开始增加，这导致就业机会的增加，并对工资产生向上的压力。随着实际工资的上升，生产的实际边际成本开始上升，国内物价上升，对本国物价产生向上的压力。则本国政府实际支出增加的传导途径可概括为：本国政府实际支出增加→本国产品总需求↑→国内产品需求↑→劳动需求↑→实际工资↑→实际边际成本↑→国内物价↑→本国物价↑。随着本国物价上升，央行采取紧缩货币供应量的方式稳定物价。

4. 国外物价上涨对本国物价的影响

图 4－5 为在一个正的标准差的国外物价冲击下，各内生变量从 0～40 期的脉冲响应。国外物价上涨，本国物价短期出现正向反应，本国物

价上升，在第 5 期达到最高点，从第 23 期后逐渐平稳，收敛于 0。相较于本国利率规则，本国货币供应量规则下，国外物价上涨使本国物价波动幅度更小，达到平稳的时间更长。国外物价上涨，导致国内物价相对便宜，出口增长，国内消费品需求增加，带动了本国产品生产的扩张，本国厂商部门对劳动力的需求量增加，实际工资上升，随着实际工资的上升，本国生产的实际边际成本开始上升，国内物价上升，对本国物价产生向上的压力。由于贸易顺差增大，净国外资产占国内生产总值的比例上升。同时由于国外物价上涨，本国厂商部门进口中间投入品的价格上涨，导致生产的实际边际成本上升，国内物价上升，对本国物价产生向上的压力。另一方面，国外物价上涨导致进口消费品价格水平上升，本国物价上升。则国外物价上涨的传导途径可概括为：

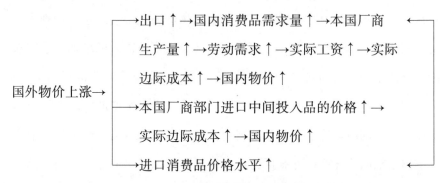

→本国物价↑。由于名义汇率下降幅度大于本国实际国内生产总值与本国物价上涨幅度，因此央行采用增加货币供应量的政策稳定宏观经济目标。

5. 本国名义货币供应量增长率提高对本国物价的影响

图 4 – 6 为在一个正的标准差的本国名义货币供应量增长率冲击下，各内生变量从 0 ~ 40 期的脉冲响应。提高本国名义货币供应量增长率，

本国物价短期出现正向反应，本国物价上升，在第 2 期达到最高点，5
期后变为负值，从第 18 期后逐渐平稳，收敛于 0。提高本国名义货币供
应量增长率将导致本国实际利率下降，本国实际利率下降将产生消费的
跨期替代，本国居民消费需求迅速上升，本国产品总需求随之上升，从
而本国厂商总产量也上升，导致本国厂商对劳动力的需求量上升，实际
工资随之上升，生产的实际边际成本开始上升，对国内物价产生向上的
压力，本国物价上升。本国名义利率下降导致名义汇率上升，本币实际
贬值，本币贬值降低了本国出口产品的外币价格，使得本国出口大幅上
升，本国出现贸易顺差，净国外资产占 GDP 的比例变为正值。则提高本
国名义货币供应增长率的传导途径可概括为：提高本国名义货币供应增

长率→本国实际利率↓→ ┌→实际汇率↑→出口↑ ┐
                      └→本国居民消费总需求↑ ┘→国内外市

场对国内生产的产品的总需求↑→本国厂商总产量↑→劳动需求↑→实
际工资↑→实际边际成本↑→国内物价↑→本国物价↑。

6. 国外总需求增加对本国物价的影响

图 4－7 为在一个正的标准差的国外总需求冲击下，各内生变量从
0～40 期的脉冲响应。国外总需求增加，本国物价由负向迅速变为正向
反应，本国物价上升，在第 2 期达到最高点，5 期后变为负值，从第 14
期后逐渐平稳，收敛于 0。本国货币供应量规则与本国利率规则相比，
国外总需求增加使本国物价波动幅度更小，达到平稳的时间相当。国外
总需求增加加大了国外对本国出口产品的需求，本国出口增加，带动本
国厂商部门总产量增加，劳动力需求增加，进而实际工资上涨，实际边
际成本上升，国内物价上升，导致本国物价上升。则国外总需求增加的

传导途径可概括为：国外总需求增加→出口↑→本国厂商总产量↑→劳动需求↑→实际工资↑→实际边际成本↑→国内物价↑→本国物价↑。由于名义汇率及本国物价下降幅度大于本国实际国内生产总值上涨幅度，因此央行采用增加货币供应量的政策稳定宏观经济目标。

7. 提高国外实际利率对本国物价的影响

图 4 - 8 为在一个正的标准差的国外实际利率冲击下，各内生变量从 0 ~ 40 期的脉冲响应。提高国外实际利率，本国物价短期出现负向反应，本国物价下降，6 期后变为正值，第 9 期达到最高点，从第 23 期后逐渐平稳，收敛于 0。相较于本国利率规则，本国货币供应量规则下，提高国外实际利率使本国物价波动幅度更小，达到平稳的时间更长。当提高国外实际利率时，投资者会卖出本币，买入外币，因此国际金融市场上对外币的需求增加，对本币的需求下降，名义汇率上升，本币贬值。这增加了当期本国产品出口需求，出口增加，出口需求增加带动本国厂商部门总产量增加，实际国内生产总值增加，随着实际国内生产总值增加和名义汇率上升，本国央行紧缩货币供应量稳定经济，说明稳定物价并不是央行货币供应政策的唯一重要调控目标。紧缩本国名义货币供应量，本国家庭消费需求迅速下降，本国物价下降。则提高国外实际利率的传导途径可概括为：国外实际利率上升→名义汇率↑→出口↑→本国厂商总产量↑→实际国内生产总值↑→本国名义货币供应增长率↓→本国消费需求↓→本国物价↓。

8. 外汇市场风险溢价增加对本国物价的影响

图 4 - 8 为在一个正的标准差的外汇市场风险溢价冲击下，各内生变

量从 0~40 期的脉冲响应。外汇市场风险溢价增加，本国物价短期出现负向反应，本国物价下降，6 期后变为正值，第 9 期达到最高点，从第 22 期后逐渐平稳，收敛于 0。相较于本国利率规则，本国货币供应量规则下，外汇市场风险溢价增加使本国物价波动幅度更小，达到平稳的时间更长。当外汇市场风险溢价增加时，导致名义汇率上升，本币贬值，本币贬值降低了本国出口产品的外币价格，使得本国出口大幅增加，本国厂商总产量增加，实际国内生产总值增加，随着实际国内生产总值增加和名义汇率上升，本国央行紧缩货币供应稳定经济。紧缩本国名义货币供应，本国家庭消费需求迅速下降，本国物价下降。则外汇市场风险溢价增加的传导途径可概括为：外汇市场风险溢价增加→名义汇率↑→出口↑→本国厂商总产量↑→实际国内生产总值↑→本国名义货币供应增长率↓→本国消费需求↓→本国物价↓。

4.3.2 货币供应量规则下本国物价的理论方差分解

我们将影响本国物价波动的 8 个外生冲击分成 5 类，分别是供给冲击、需求冲击、货币冲击、财政冲击及外汇市场风险溢价冲击。其中，货币冲击包括本国名义货币供应增长率冲击和国外实际利率冲击，其余冲击分类与第 3 章相同。经研究发现 12 个季度后，各冲击对本国物价波动的贡献率基本保持不变，因此我们把 12 个季度以后的时期称为长期。本国物价波动的方差分解结果见表 4 - 3 和图 4 - 10。

表 4 – 3　　　　货币供应量规则下本国物价波动的影响因素贡献率　　　单位：%

期间	供给冲击		需求冲击		货币冲击		财政冲击	外汇市场风险溢价冲击
	本国厂商生产技术冲击	国外物价冲击	本国消费偏好冲击	国外总需求冲击	本国名义货币供应增长率冲击	国外实际利率冲击		
1 个季度	39.60	16.09	0.45	0.07	7.72	9.55	0.00	26.52
4 个季度	14.98	57.29	0.31	0.15	12.88	3.81	0.00	10.58
8 个季度	9.17	74.42	0.18	0.08	7.57	2.27	0.00	6.31
12 个季度	8.57	74.98	0.19	0.07	6.95	2.45	0.00	6.80
长期	8.41	74.90	0.20	0.06	6.80	2.55	0.00	7.08

注：数据来源于本章模型的模拟结果。

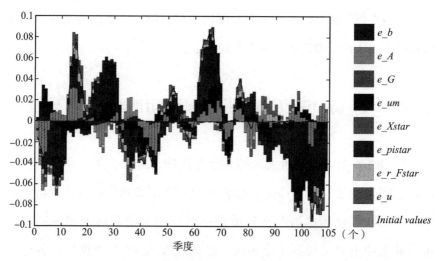

图 4 – 10　1992 年 1 季度 ~ 2018 年 1 季度货币供应量规则下本国

物价理论方差分解

　　从表 4 - 4 和图 4 - 10 中可以看出，无论短期还是长期，影响本国物价波动最重要的三个因素分别是供给冲击、货币冲击和外汇市场风险溢价冲击,三个冲击对本国物价波动的长期贡献率分别为 83%、9% 和 7% 左右,其他冲击对本国物价波动的影响较小。供给冲击对本国物价波动的贡献率随着时间的推移越来越大,短期 55%,长期稳定在 83% 左右。供给冲击中主要是国外物价冲击对本国物价波动的影响较大,国外物价冲击对本国物价波动的贡献率长期在 75% 左右,而本国厂商生产技术冲击对本国物价波动的贡献率在 8% 左右,但短期它的贡献率最高达 40% 左右,也是影响物价波动的一个重要的因素。上述结果表明,要达到稳定物价的目的,应该重点依靠供给管理政策。货币冲击对本国物价的贡献率随着时间的推移变小,在短期对物价的贡献率最高达 17% 左右,长期稳定在 9% 左右。货币冲击中,主要是本国名义货币供应增长率冲击对本国物价波动的影响率较大,长期贡献率在 7% 左右。外汇市场风险溢价冲击在短期对本国物价波动的影响高达 27% 左右,长期贡献率稳定在 7% 左右。要达到稳定物价的目的,应该关注货币供应政策和外汇政策。相较于利率规则,货币供应量规则下,供给冲击对本国物价波动的长期贡献率下降约 10 个百分点,货币冲击上升约 4 个百分点,外汇市场风险溢价略有上升。说明相较于本国利率规则,本国货币供应量规则中供给冲击对本国物价波动的影响更小,货币冲击、外汇市场风险溢价冲击对本国物价波动的影响更大。因此在制定稳定本国物价政策时应考虑各外生冲击的综合影响。

本章分析了供给冲击、需求冲击、货币冲击、财政冲击以及外汇市场风险溢价冲击对我国物价波动的影响。货币冲击中包含了本国名义货币供应量增长率冲击,结果发现相比利率规则,货币供应量规则下,各种外生冲击对本国物价的影响幅度更小,使物价达到稳定的时间更长。因此,利率规则相较于货币供应量规则使物价迅速调整至稳定状态。货币供应量规则下，本国供给冲击是影响我国物价波动的最重要因素，其次依次是货币冲击、外汇市场风险溢价冲击。供给冲击中的国外物价冲击，对本国物价波动的长期贡献率在 75% 左右。因此，为了稳定物价，应该做好供给管理政策，关注国外物价波动和本国厂商生产技术进步。相较于本国利率冲击，本国货币供应冲击下，供给冲击对本国物价波动的贡献率下降，货币冲击对本国物价波动的影响更大，外汇市场风险溢价略有上升，因此在制定稳定本国物价政策时除重点关注供给管理政策，还应该重点关注本国货币供应政策的实施以及外汇市场风险溢价因素。至此，我们已经分析了货币政策中利率规则和货币供应量规则单一政策实施时各因素对本国物价波动的影响机制及程度，第 5 章我们将研究货币政策混合规则下，各因素对本国物价波动的影响机制及程度，并比较三种不同规则下的结果，为设计稳定物价的政策体系提供理论依据。

第 5 章

货币政策混合规则下中国
物价波动模拟研究

中央银行采用一定的货币政策规则来实现其期望目标，在操作工具方面，刘斌（2009）以同业拆借利率作为货币政策规则的操作工具，并考虑到我国盯住货币供应量中介目标的特点，采用扩展的泰勒（Taylor）规则形式。在该规则中，不仅含产出、利率和通货膨胀率，货币供应量也包含在模型中，体现了以货币供应量为中介目标的货币政策准则。本章货币政策混合规则采用这种形式。

5.1 货币政策混合规则下开放经济 DSGE
模型的构建及参数估计

为了研究货币政策混合规则下中国物价波动模拟，在第 4 章模型的基础上，我们重点修改了本国政府部门的行为决策方程，本国政府部门的央行政策由货币供应规则改为混合规则，本国厂商部门和国外部门的行为决策不做调整，不再赘述本章中与第4章相同的公式及含义。对修改的公式进行对数线性化处理，对相应参数进行估计并评估。

5.1.1 本国政府部门货币政策决策中的混合规则及对数线性化

我们选择同业拆借利率作为货币政策规则的操作工具，考虑到我国盯住货币供应中介目标的特点，在第2章货币政策利率规则的基础上加入本国名义货币供应增长率因素，货币政策混合规则的形式如下：

$$\ln(1+R_t) = (1-\rho_R)\ln(1+\bar{R}) + \rho_R\ln(1+R_{t-1}) +$$
$$(1-\rho_R)\left[\rho_\pi\ln(\pi_t/\bar{\pi}) + \rho_{gdp}\ln(gdp_t/\overline{gdp}) +\right.$$
$$\left.\rho_{ne}\ln(ne_t/\overline{ne}) + \rho_{u_M}\ln(u_{M,t}/\bar{u}_M)\right] + e_{R,t} \quad (5.1)$$

其中，ρ_{u_M} 为本国名义利率关于本国名义货币供应增长率的弹性，$\rho_{u_M}>0$ 即在货币供应增长率过快时适当提高本国名义利率，其他参数的含义同第2章。

对式（5.1）进行对数线性化可得：

$$\hat{R}_t = \rho_R\hat{R}_{t-1} + (1-\rho_R)(\rho_\pi\hat{\pi}_t + \rho_{gdp}\hat{gdp} + \rho_{ne}\hat{ne}_t + \rho_{u_M}\hat{u}_{M,t}) +$$
$$e_{R,t}, \ e_{R,t} \sim (0, \sigma_R^2) \quad (5.2)$$

5.1.2 货币政策混合规则下相应参数估计及评估

本章模型中的外生冲击同样包括8个，在第4章模型基础上增加了本国名义利率冲击（$e_{R,t}$），去掉了本国名义货币供应增长率冲击（$e_{u_{M},t}$）。这里选择的可观测变量同样包括 5 个经济指标，在第 4 章的基础上增加了本国实际利率 r，去掉了本国名义货币供应增长率 u_M，本国实际利率 r 的实际数据选取与处理同第 3 章。

1. 货币政策混合规则下相应参数的估计

在第 4 章基础上本章需要另外进行相应估计的参数有 6 个，分别是货币规则利率调整的惯性项 ρ_R、货币政策规则利率关于本国消费物价指数的弹性 ρ_π、货币政策规则利率关于实际国内生产总值的弹性 ρ_{gdp}、货币政策规则利率关于名义汇率的弹性 ρ_{ne}、货币政策规则利率关于本国名义货币供应增长率的弹性 ρ_{u_M} 以及本国货币政策冲击的标准差 σ_R。ρ_R、ρ_π、ρ_{gdp}、ρ_{ne}、σ_R 的先验分布设置同第 3 章，ρ_{u_M} 的先验分布参考刘斌（2014）设定为均值 1、标准差 0.5 的 Gamma 分布。

附录 C 中图 C1 列示了 MCMC 单变量收敛性检验结果，从中可以看出，参数 ρ_{ne}、$\sigma_{r_F^*}$、ρ_{u_M} 两组模拟结果略有差异，其余参数的收敛性检验基本可以通过，考虑到样本点十分有限，因此可认为所有变量都通过了 MCMC 收敛性检验。附录 C 中图 C2 列示的是 MCMC 多变量收敛性检验结果，从中可以看出，随着模拟次数的增加，两组模拟链的收敛性度量指标很快收敛，并且较为稳定，表明估计是稳健的，估计结果总体而言可以接受。

表 5 - 1 的第四列和第五列分别是待估参数的后验均值以及后验均值 90% 的置信区间，附录 C 中图 C3 列示的是先验分布和后验分布的概率密度图。从附录 C 中图 C3 看出，相对于先验分布，待估参数后验分布的标准差几乎都变小。对于外汇市场风险溢价参数 η，后验均值相对于先验

均值几乎没有变化，后验均值为 0.0016，说明对这一参数样本数据中包含较少的信息。货币政策参数中，ρ_{gdp}、ρ_{π}、ρ_R 后验分布相对于先验向左移动，ρ_{u_M}、ρ_{ne} 的后验分布相对于先验向右移动。ρ_{u_M} 的后验分布均值为 1.1592，说明本国名义货币供应增长率对本国名义利率的影响具有一定的持续性，ρ_{gdp}、ρ_{π}、ρ_{ne} 的后验均值分别为 1.8083、1.3861、5.6810，说明本国名义利率对名义汇率的反映最激烈，其次是实际国内生产总值，而对本国消费物价的反应最弱。外生冲击的一阶自回归系数度量了外生冲击的持续性，ρ_b、$\rho_{r_F^*}$、ρ_{X^*}、ρ_{π^*} 的后验均值略小于先验，其余后验均值略大于先验。外生冲击一阶自回归系数后验均值最大的是本国生产技术冲击，其次是外汇市场风险溢价冲击，说明这两个冲击的持续性较强。所有外生冲击标准差中，σ_G、σ_{X^*} 的后验分布均值大于先验分布，其余标准差后验分布均值均小于先验，意味着样本数据中对这些参数包含一定的信息。贝叶斯估计方法下的相应参数估计结果见表 5-1。

表 5-1   相应参数的贝叶斯估计结果

参数	含义	先验分布	后验均值	90%置信区间
η	外汇风险溢价参数	$\Gamma(0.0015, 0.0005)$	0.0016	(0.0009, 0.0023)
ρ_R^{**}	货币规则利率调整的惯性项	$B(0.5, 0.2)$	0.3899	(0.1860, 0.5834)
$\rho_{u_M}^{**}$	货币政策规则利率关于本国名义货币供应增长率的弹性	$Gamma(1, 0.5)$	1.1592	(0.6389, 1.7164)
ρ_{π}^{**}	货币政策规则利率关于本国消费物价指数的弹性	$Gamma(2, 1)$	1.3861	(0.3892, 2.4226)
ρ_{gdp}^{**}	货币政策规则利率关于实际国内生产总值的弹性	$Gamma(2, 1)$	1.8083	(0.3811, 3.0656)
ρ_{ne}^{**}	货币政策规则利率关于名义汇率的弹性	$Gamma(5, 2)$	5.6810	(3.1799, 8.8129)
ρ_b	本国消费偏好冲击自回归系数	$B(0.6, 0.2)$	0.5872	(0.4653, 0.7091)

续表

参数	含义	先验分布	后验均值	90%置信区间
$\rho_{r_f^*}$	国外实际利率自回归系数	B(0.6，0.2)	0.5381	(0.3217，0.7302)
ρ_A	本国生产技术冲击自回归系数	B(0.6，0.2)	0.6927	(0.5893，0.8052)
ρ_G	本国政府实际支出冲击自回归系数	B(0.6，0.2)	0.6425	(0.5269，0.7647)
ρ_{X^*}	国外总需求冲击自回归系数	B(0.6，0.2)	0.4523	(0.2184，0.7378)
ρ_{π^*}	国外消费物价指数冲击自回归系数	B(0.6，0.2)	0.5626	(0.6916，0.5907)
ρ_μ	外汇市场风险溢价冲击自回归系数	B(0.6，0.2)	0.6916	(0.5907，0.7816)
σ_b	本国消费偏好冲击标准差	$\Gamma^{-1}(0.05，\infty)$	0.0488	(0.0436，0.0538)
σ_A	本国生产技术冲击标准差	$\Gamma^{-1}(0.05，\infty)$	0.0448	(0.0371，0.0517)
$\sigma_{r_f^*}$	国外实际利率冲击标准差	$\Gamma^{-1}(0.05，\infty)$	0.0428	(0.0131，0.0813)
σ_G	本国政府支出冲击标准差	$\Gamma^{-1}(0.05，\infty)$	0.0542	(0.0487，0.0598)
σ_{X^*}	国外总需求冲击标准差	$\Gamma^{-1}(0.05，\infty)$	0.0554	(0.0238，0.0861)
σ_{π^*}	国外消费物价指数冲击标准差	$\Gamma^{-1}(0.05，\infty)$	0.0465	(0.0379，0.0540)
σ_μ	外汇市场风险溢价冲击标准差	$\Gamma^{-1}(0.05，\infty)$	0.0471	(0.0264，0.0630)
σ_R^{**}	本国货币政策冲击的标准差	$\Gamma^{-1}(0.05，\infty)$	0.0473	(0.0267，0.0668)

注：$B(u，\sigma)$、$N(u，\sigma)$、$\Gamma(u，\sigma)$ 和 $\Gamma^{-1}(u，\sigma)$ 分别表示均值 u、标准差 σ 的 Beta 分布、正态分布、Gamma 分布和逆 Gamma 分布，用 ** 标志的变量代表修正的变量。

2. 货币政策混合规则下的模型评估

计算出所选择的包含本国实际利率 r、本国名义货币供应增长率 u_M 的 6 个可观测经济变量的标准差及各变量与实际国内生产总值 gdp 的同期相关系数，并将计算结果与相应经济变量的模拟数据进行比较（见表 5-2）。对于同期相关系数，从实际经济数据分析结果来看，除了本国实际利率 r，其他变量与 gdp 的同期相关系数都为正；从模拟数据分析结果看，除了本国实际利率 r，其他变量与 gdp 的同期相关系数都为正，这与实际数据的结论一致。实际数据中与 gdp 同期相关系数最大的变量是本国出口总量 $EX(0.290)$，其次是本国消费物价指数（0.194）；模拟数据中与 gdp 同期相关系数最大的变量同样是本国出口总量 $EX(0.843)$，其次是本国消费物价指数 $\pi(0.533)$，其中本国政府实际支出 G 的模拟结果与实际结果最接近。总体上从各变量与 gdp 同期相关系数强度排序可知，模拟结果与实际结果基本一致。与利率规则下模型相比，除了本国政府实际支出 G，其余变量与 gdp 同期相关系数的模拟结果更接近实际数据。对于标准差，除了本国政府实际支出 G、本国出口总量 EX，其他都比较接近，其中本国消费物价指数 π 的标准差模拟数据与实际数据一致。总的来看，模型的模拟效果基本上反映了我国经济的波动性和周期性问题，可以接受利用该货币政策混合规则下开放经济 DSGE 模型分析我国的物价波动问题。

表 5 – 2　　　　　相应变量的实际数据与模拟数据的标准差及

与 gdp 的同期相关系数

		gdp	EX	π	G	u_M	r
实际数据	标准差	0.084	0.085	0.044	0.277	0.026	0.018
	相关系数	1	0.290	0.194	0.052	0.052	- 0.055
模拟数据	标准差	0.032	0.209	0.044	0.056	0.081	0.072
	相关系数	1	0.843	0.533	0.018	0.336	- 0.115

注：实际数据根据 1992～2018 年各变量季度数据计算，模拟数据来源于本章模型的模拟结果。

5.2　货币政策混合规则下脉冲
响应及方差分解分析

　　下面分析货币政策混合规则下 8 个外生冲击对我国消费物价的影响

途径，分别是本国消费偏好冲击、国外实际利率冲击、本国厂商生产技术冲击、本国政府实际支出冲击、本国名义利率冲击、国外总需求冲击、国外消费物价指数冲击、外汇市场风险溢价冲击。通过研究本国物价的理论方差分解，得出货币政策混合规则下影响本国物价的主要因素及影响程度。

5.2.1　货币政策混合规则下本国物价对各外生冲击的脉冲响应

图 5 – 1 至图 5 – 8 均为在一个正的标准差的外生冲击下，各内生变量从 0 ~ 40 期的脉冲响应。以下各图中，横轴为冲击作用的滞后期间数（单位：季度），纵轴表示各变量对稳态值的对数偏离。

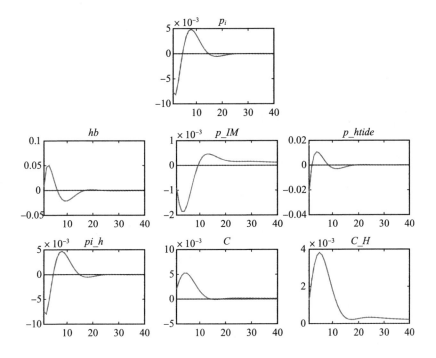

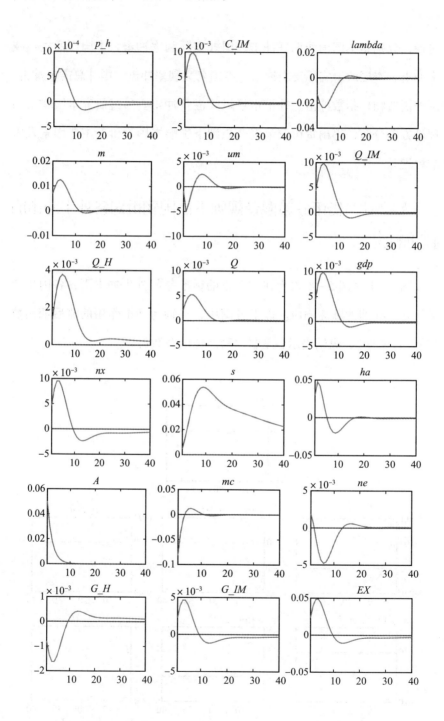

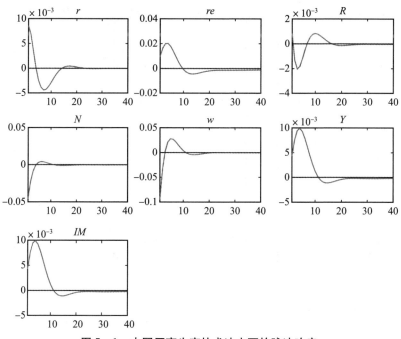

图 5 - 1 本国厂商生产技术冲击下的脉冲响应

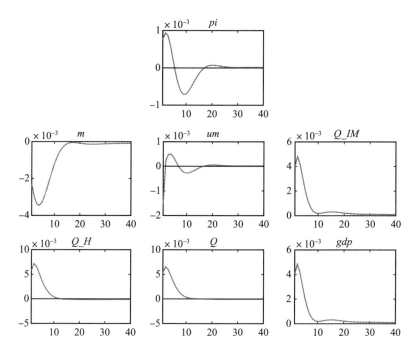

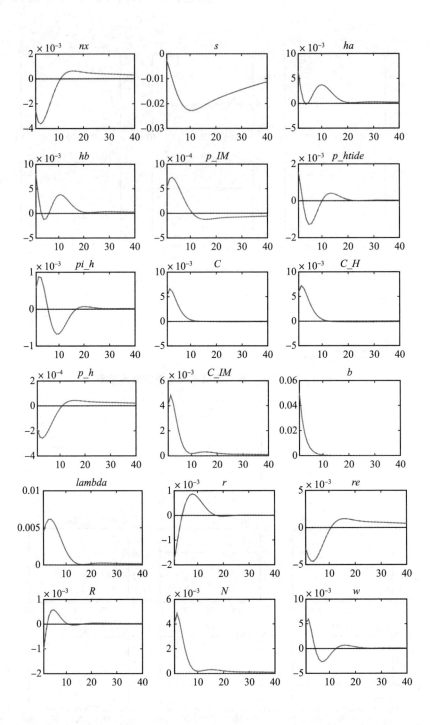

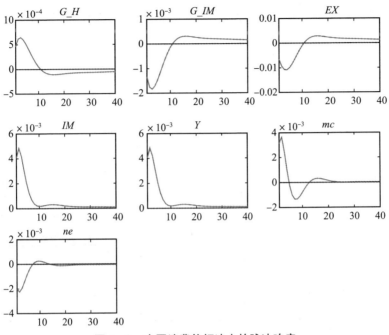

图 5 - 2　本国消费偏好冲击的脉冲响应

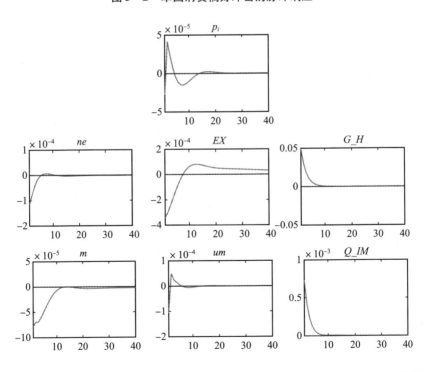

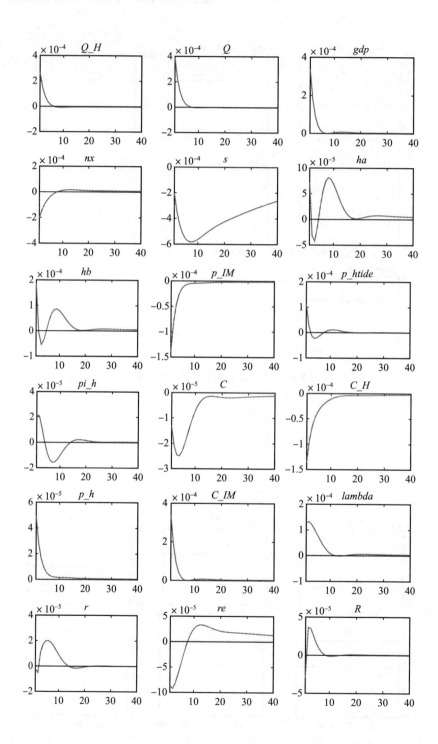

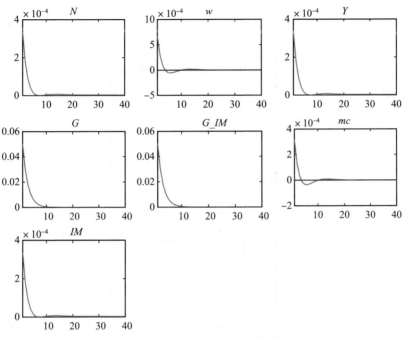

图 5 - 3　本国政府实际支出冲击的脉冲响应

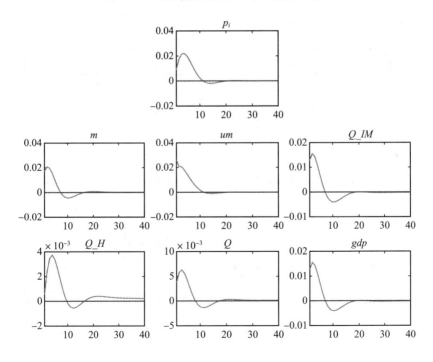

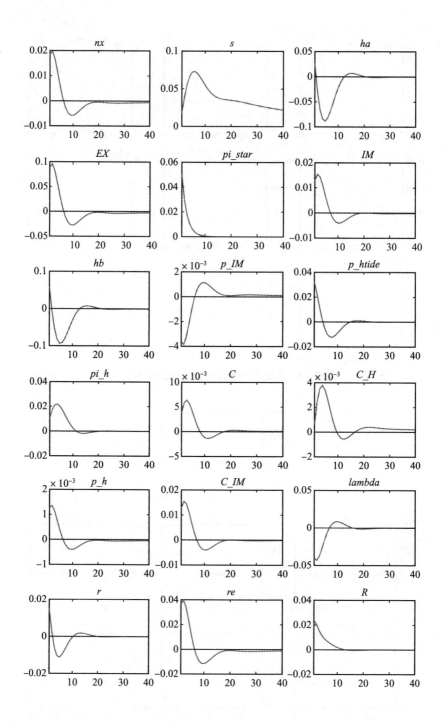

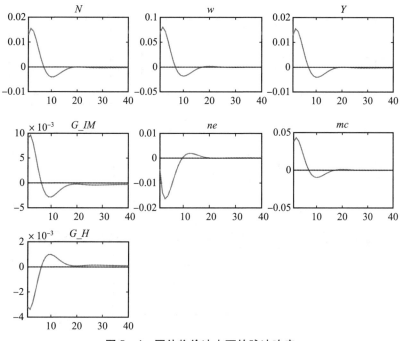

图 5 - 4　国外物价冲击下的脉冲响应

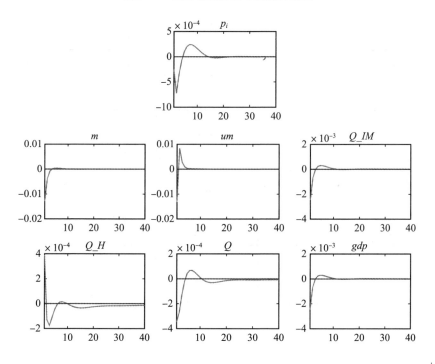

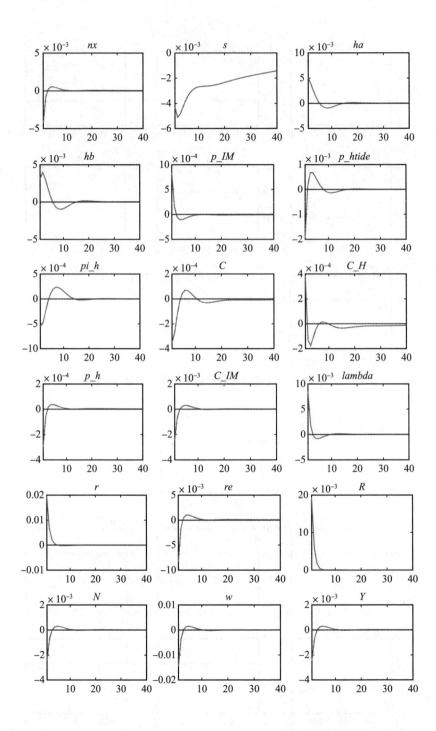

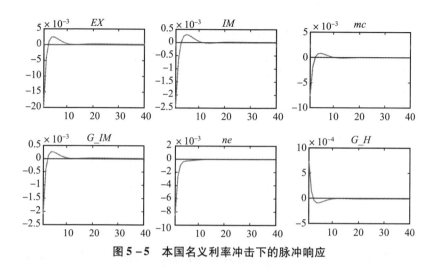

图 5 - 5   本国名义利率冲击下的脉冲响应

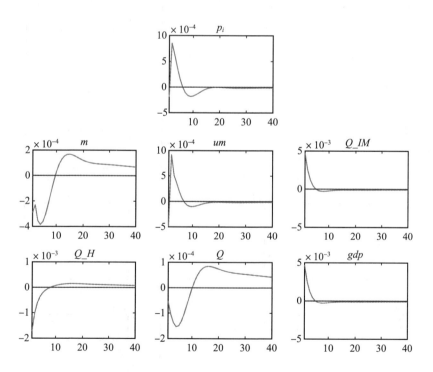

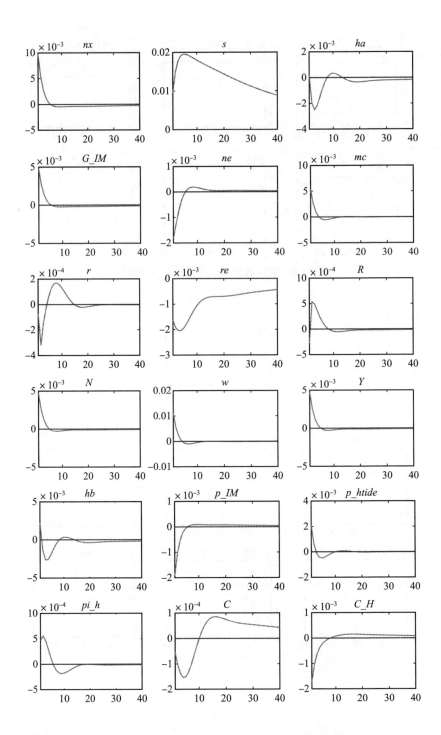

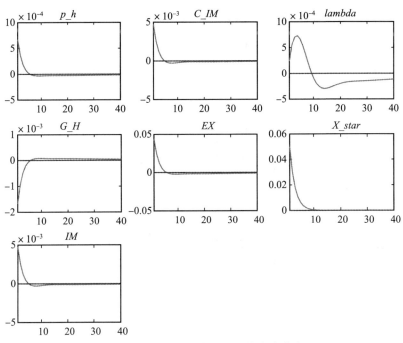

图 5 - 6   国外总需求冲击下的脉冲响应

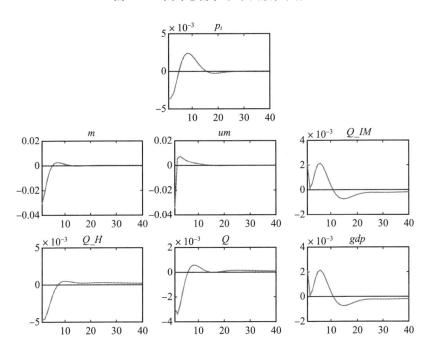

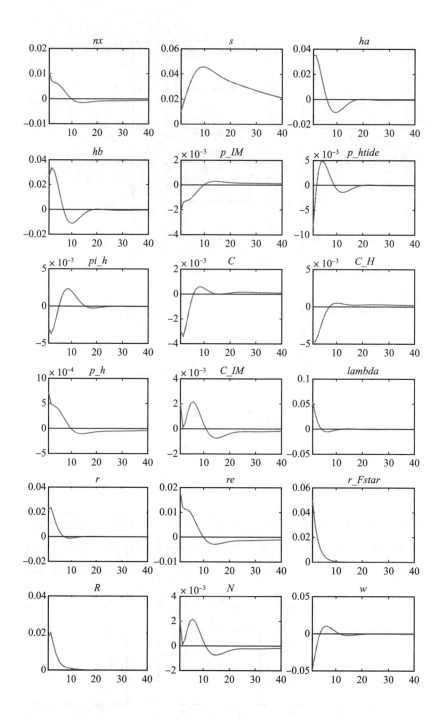

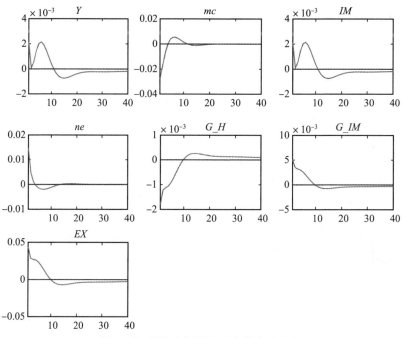

图 5－7　国外实际利率冲击的脉冲响应

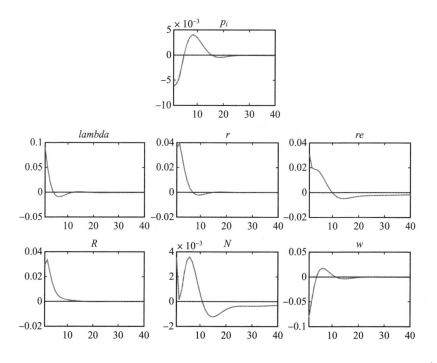

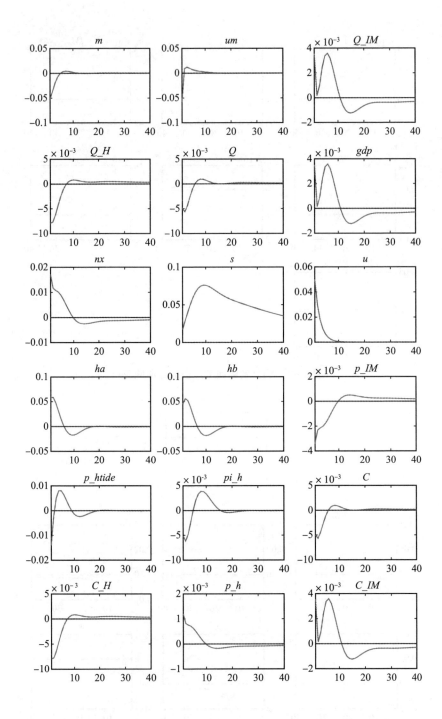

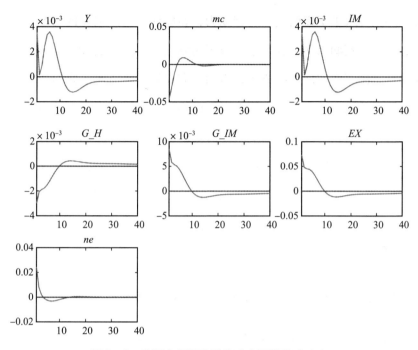

图 5 - 8 外汇市场风险溢价冲击下的脉冲响应

1. 本国厂商生产技术进步对本国物价的影响

图 5 - 1 为在一个正的标准差的本国厂商生产技术冲击下，各内生变量从 0 ~ 40 期的脉冲响应。本国厂商生产技术进步，本国物价短期出现负向反应，对本国物价产生下降压力，4 期后变为正值，在第 8 期达到最高点，从第 20 期后逐渐平稳，收敛于 0。相较于本国货币供应规则，本国货币政策混合规则下，本国厂商生产技术进步使本国物价达到平稳的时间更长，波动幅度更大。相较于利率规则，达到平稳时间及波动幅度相差不大。本国厂商生产技术进步首先会对本国厂商生产的实际边际成本产生影响，短期内会使其下降，此时厂商扩大其生产规模可以使其获得更多的利润，导致产出增加。本国厂商生产技术进步使厂商不想在

原来的工资水平下雇佣更多的劳动力，在雇佣劳动力减少的情况下也能保持同样的利润水平，这样就导致了实际工资下降。实际工资下降进一步降低本国厂商实际边际成本，本国厂商实际边际成本下降对国内物价产生向下的压力，最终导致短期内本国物价下降。则本国厂商生产技术进步的传导途径可概括为：本国厂商生产技术进步→劳动需求↓→实际工资↓→实际边际成本↓→国内物价↓→本国物价↓。随着本国物价下降，央行采取降低本国名义利率的方式稳定物价，所以本国物价下降的状况不会持久。与利率规则相比，为使物价达到稳定，利率降低幅度更大。

2. 本国消费偏好增加对本国物价的影响

图5-2为在一个正的标准差的本国消费偏好冲击下，各内生变量从0到40期的脉冲响应。本国消费偏好增加，本国物价短期出现正向反应，使本国物价上升，5期后变为负值，在第9期达到最低点，从第25期后逐渐平稳，收敛于0。相较于本国利率规则，本国货币政策混合规则下，本国消费偏好增加使本国物价达到平稳的时间略长，波动幅度更小，相较于本国货币供应量规则，本国消费偏好增加使本国物价达到平稳的时间略长，波动幅度相差不大。本国消费偏好增加，消费者会把更多的收入用于消费，促使本国消费需求增加，进而本国产品总需求增加，本国产品总需求的增加一方面表现为国内需求的增加，另一方面表现为进口需求的增加。进口需求增加导致进口物价上升，本国厂商为了满足国内需求增加就会生产更多的产品，雇佣更多的劳动力，这样迫使实际工资上升。劳动需求（就业）增加工资上升使居民收入增加，进一步导致了本国产品需求的增加。由于本国厂商实际边际成本上升对国内物价

产生了向上的压力，最终导致本国物价上升。则本国消费偏好增加的传导途径可概括为：本国消费偏好增加→本国消费需求↑→本国产品总需

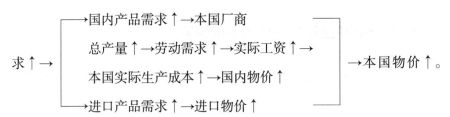

求↑→

随着本国物价上升，紧缩本国货币供应量，本国名义汇率下降，当本国货币供应量和本国名义汇率下降幅度大于本国实际国内生产总值和本国物价上升幅度时，央行采取降低本国名义利率的方式稳定经济。

3. 本国政府实际支出增加对本国物价的影响

图 5－3 为在一个正的标准差的本国政府实际支出冲击下，各内生变量从 0～40 期的脉冲响应。本国政府实际支出增加，本国物价短期出现正向反应，使本国物价上升，4 期后变为负值，在第 7 期达到最低点，从第 20 期后逐渐平稳，收敛于 0。相较于本国货币供应规则，本国货币政策混合规则下，本国政府实际支出增加使本国物价达到平稳的时间更长，影响幅度相差不大。相较利率规则，本国政府实际支出增加使本国物价达到平稳的时间变化不大，影响幅度更小。本国政府实际支出增加直接导致了总需求的增加，总需求的上升使本国厂商对劳动力的需求开始增加，这导致就业机会的增加，并对工资产生向上的压力。随着实际工资的上升，生产的实际边际成本开始上升，国内物价上升，对本国物价产生向上的压力。则货币政策混合规则下本国政府实际支出增加的传导途径可概括为：本国政府实际支出增加→本国产品总需求↑→国内产品需求↑→劳动需求↑→实际工资↑→实际边际成本↑→国内物价↑→

本国物价↑。随着本国物价的上升，央行采用提高本国名义利率的措施稳定物价，相对于利率规则，本国名义利率的提高幅度更小。

4. 国外物价上涨对本国物价的影响

图5-4为在一个正的标准差的国外物价冲击下，各内生变量从0~40期的脉冲响应。国外物价上涨，本国物价短期出现正向反应，本国物价上升，在第3期达到最高点，从第18期后逐渐平稳，收敛于0。相较于本国货币供给规则，本国货币政策混合规则下，国外物价上涨使本国物价波动幅度更大，达到平稳的时间更短。与利率规则相比，波动幅度和达到平稳的时间都相差不大。国外物价上涨，导致国内物价相对便宜，出口增长，国内消费品需求增加，带动了本国产品生产的扩张，本国厂商部门对劳动力的需求量增加，实际工资上升，随着实际工资的上升，本国生产的实际边际成本开始上升，国内物价上升，对本国物价产生向上的压力。由于贸易顺差增大，净国外资产占国内生产总值的比例上升。同时由于国外物价上涨，本国厂商部门进口中间投入品的价格上涨，导致生产的实际边际成本上升，国内物价上升，对本国物价产生向上的压力。另一方面，国外物价上涨导致进口消费品价格水平上升，本国物价上升。则国外物价上涨的传导途径可概括为：

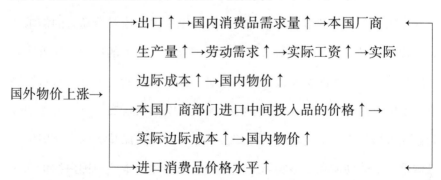

→本国物价↑。随着本国物价上涨，央行采取提高本国名义利率的方式稳定物价。

5. 本国名义利率提高对本国物价的影响

图 5−5 为货币政策混合规则下在一个正的标准差的本国名义利率冲击下，各内生变量从 0~40 期的脉冲响应。提高本国名义利率，本国物价短期出现负向反应，本国物价下降，在第 2 期达到最低点，4 期后变为正值，从第 14 期后逐渐平稳，收敛于 0。提高本国名义利率将导致消费的跨期替代，本国居民消费需求迅速下降，随着国内消费需求下降，本国产品总需求随之下降，从而本国厂商总产量也下降。本国厂商总产量下降导致本国厂商对劳动力的需求量下降，实际工资随之下降，随着实际工资的下降，生产的实际边际成本开始下降，对国内物价产生向下的压力，本国物价下降。提高本国名义利率导致实际汇率下降，本币实际升值，本币升值提高了本国出口产品的外币价格，使得本国出口大幅下降，这对于本已面临国内需求萎缩的本国厂商而言无疑是雪上加霜，本国出现贸易逆差，净国外资产占 GDP 的比例变为负值。则本国名义利率冲击的传导途径可概括为：

本国名义利率提高→┌──→名义汇率↓→出口↓　　　←──┐　→国内外市场对
　　　　　　　　　└──→本国居民消费总需求↓　←──┘
国内生产的产品的总需求↓→本国厂商总产量↓→劳动需求↓→实际工资↓→实际边际成本↓→国内物价↓→本国物价↓。

6. 国外总需求增加对本国物价的影响

图 5−6 为货币政策混合规则下在一个正的标准差的国外总需求冲击下，各内生变量从 0~40 期的脉冲响应。国外总需求增加，本国物价短

期出现正向反应，本国物价上升，在第 2 期达到最高点，6 期后变为负值，从第 16 期后逐渐平稳，收敛于 0。本国货币政策混合规则与本国利率规则相比，国外总需求增加使本国物价的波动幅度更小，达到平稳的时间的时间更长。与货币供应量规则相比，本国物价波动幅度和达到平稳的时间相差不大。国外总需求增加加大了国外对本国出口产品的需求，本国出口增加，带动本国厂商部门总产量增加，劳动力需求增加，进而实际工资上涨，实际边际成本上升，国内物价上升，导致本国物价上升。则国外总需求增加的传导途径可概括为：国外总需求增加→出口↑→本国厂商总产量↑→劳动需求↑→实际工资↑→实际边际成本↑→国内物价↑→本国物价↑。本国物价上升，本国央行提高本国名义利率稳定物价。

7. 提高国外实际利率对本国物价的影响

图 5 - 7 为货币政策混合规则下在一个正的标准差的国外实际利率冲击下，各内生变量从 0 ~ 40 期的脉冲响应。提高国外实际利率，本国物价短期出现负向反应，本国物价下降，5 期后变为正值，第 8 期达到最高点，从第 22 期后逐渐平稳，收敛于 0。相较于本国货币供应规则，本国货币政策混合规则下，提高国外实际利率使本国物价波动幅度更大，达到平稳的时间变化不大。当提高国外实际利率时，投资者会卖出本币，买入外币，因此国际金融市场上对外币的需求增加，对本币的需求下降，名义汇率上升，本币贬值。这增加了当期本国产品出口需求，出口增加，带动本国厂商部门总产量增加，实际国内生产总值增加，随着实际国内生产总值增加和名义汇率上升，央行提高本国名义利率稳定经济，说明稳定物价并不是央行利率政策的唯一重要调控目标。提高本国名义利率，

本国家庭消费需求迅速下降，本国物价下降。则提高国外实际利率的传导途径可概括为：国外实际利率上升→名义汇率↑→出口↑→本国厂商总产量↑→实际国内生产总值↑→本国名义利率↑→本国消费需求↓→

→国内物价↓

→进口消费品价格水平↓ →本国物价↓。

8. 外汇市场风险溢价增加对本国物价的影响

图 5 - 8 为货币政策混合规则下在一个正的标准差的外汇市场风险溢价冲击下，各内生变量从 0 ~ 40 期的脉冲响应。外汇市场风险溢价增加，本国物价短期出现负向反应，本国物价下降，4 期后变为正值，第 8 期达到最高点，从第 22 期后逐渐平稳，收敛于 0。相较于本国货币供应规则，本国货币政策混合规则下，外汇市场风险溢价增加使本国物价波动幅度更大，达到平稳的时间变化不大。相较于利率规则，波动幅度和达到平稳时间相差不大。当外汇市场风险溢价增加时，导致名义汇率上升，本币贬值，本币贬值降低了本国出口产品的外币价格，使得本国出口大幅增加，本国厂商总产量增加，实际国内生产总值增加，随着实际国内生产总值增加和名义汇率上升，本国央行紧缩货币供应稳定经济。紧缩本国名义货币供应，本国家庭消费需求迅速下降，本国物价下降。则外汇市场风险溢价增加的传导途径可概括为：外汇市场风险溢价增加→名义汇率↑→出口↑→本国厂商总产量↑→实际国内生产总值↑→本国名义利率↑→本国消费需求↓→本国物价↓。

5.2.2　货币政策混合规则下本国物价的理论方差分解

我们将货币政策混合规则下影响本国物价波动的 8 个外生冲击分成 5
类，分别是供给冲击、需求冲击、货币冲击、财政冲击及外汇市场风险
溢价冲击。其中，货币冲击包括本国名义货币供应增长率冲击和国外实
际利率冲击，其余冲击分类与第 3 章相同。本国物价波动的方差分解结
果见表 5-3 和图 5-9。

表 5-3　　　货币政策混合规则下本国物价波动的影响因素贡献率　　单位：%

期间	供给冲击		需求冲击		货币冲击		财政冲击	外汇市场风险溢价冲击
	本国厂商生产技术冲击	国外物价冲击	本国消费偏好冲击	国外总需求冲击	本国名义利率冲击	国外实际利率冲击		
1 个季度	30.70	41.46	0.30	0.02	0.03	7.28	0.00	20.21
4 个季度	9.85	81.50	0.16	0.08	0.04	2.21	0.00	6.15
8 个季度	8.13	84.86	0.12	0.05	0.03	1.80	0.00	5.00
12 个季度	9.33	82.03	0.17	0.05	0.03	2.22	0.00	6.16
长期	9.35	81.92	0.18	0.05	0.03	2.24	0.00	6.22

注：数据来源于本章模型的模拟结果。

从表 5-3 可以看出，无论短期还是长期，影响本国物价波动最重要
的三个因素分别是供给冲击、外汇市场风险溢价冲击和货币冲击，三个
冲击对本国物价波动的贡献率在长期分别在 91%、6% 和 2% 左右，其他
冲击对本国物价波动的影响较小。供给冲击中主要是国外物价冲击对本
国物价波动的影响较大，国外物价冲击对本国物价波动的贡献率长期稳

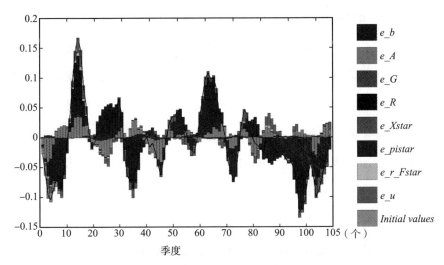

图 5 – 9 1992 年 1 季度 ~ 2018 年 1 季度货币政策混合

规则下本国物价理论方差分解

定在 82% 左右，而本国厂商生产技术冲击对本国物价波动的贡献率仅在 9% 左右，但短期它的贡献率最高达 30.07%，也是影响物价波动的一个重要的因素。上述结果表明，要达到稳定物价的目的，应该重点依靠供给管理政策。外汇市场风险溢价冲击在短期对本国物价波动的影响较大，短期最高达 20.21%，长期贡献率稳定在 6.22% 左右；货币冲击短期对本国物价的贡献率最高达 7.3% 左右，长期稳定在 2% 左右。要达到稳定物价的目的，应该关注货币政策和外汇政策。货币冲击中，主要是国外实际利率冲击对本国物价波动的贡献率较大。相较于货币供应规则，货币政策混合规则下，供给冲击长期贡献率更大，货币冲击和外汇市场风险溢价冲击变化不大。相较于利率规则，外汇市场风险溢价冲击长期贡献率更大，其他冲击变化不大。长期来看，货币政策混合规则下供给冲击、外汇市场风险溢价冲击、货币冲击对本国物价波动的贡献率处于利率规则和货币供应规则之间，但更接近利率规则下的贡献率。

本章研究了货币政策混合规则下开放经济 DSGE 模型的构建，分析了供给冲击、需求冲击、货币冲击、财政冲击以及外汇市场风险溢价冲击对我国物价波动的影响，货币冲击中包含了混合规则的本国名义利率冲击。相较于利率规则，货币政策混合规则下，本国消费偏好增加、国外总需求增加使本国物价达到平稳的时间更长。相较于货币供应规则，本国厂商生产技术进步、本国消费偏好增加、本国政府实际支出增加使本国物价达到平稳的时间更长，国外物价上涨使本国物价达到平稳的时间更短。相比利率规则和货币供应规则，货币政策混合规则下，各外生冲击对本国物价波动的贡献率处于两者之间。货币政策混合规则下，供给冲击是影响我国物价波动的最重要因素，其次依次是外汇市场风险溢价冲击、货币冲击。供给冲击中的国外物价冲击，对本国物价波动的长期贡献率在 82% 左右，本国厂商生产技术冲击短期贡献率在 31% 左右，长期在 9% 左右。因此，为了稳定物价，应该做好供给管理政策，关注国外物价波动和本国厂商生产技术进步，还应该重点关注外汇市场风险溢价因素以及本国货币政策混合规则的实施。至此，我们已经分析并比较了货币政策中利率规则、货币供应规则以及货币政策混合规则实施时各因素对本国物价波动的影响机制及程度，为第 6 章设计稳定物价的政策体系提供了理论依据。

第 6 章

我国稳定物价的政策体系设计

本研究分析了利率规则、货币供应规则以及货币政策混合规则三种货币政策规则下，供给冲击、需求冲击、货币冲击、财政冲击以及外汇市场风险溢价冲击对本国物价波动的影响途径及程度。根据分析结果分别从供给因素、货币政策与财政政策、外汇市场风险溢价等三个方面进行政策体系设计。

6.1 基于供给角度的政策设计

从各外生冲击对本国物价波动的分析结果来看，不论哪种货币规则下，供给冲击都是影响本国物价波动的主要因素，贡献率最大。因此，应该重点从供给角度制定政策稳定物价，特别关注国外物价波动和本国生产技术进步方面的影响。

6.1.1 我国应对国外物价波动的对策措施

从国外物价对本国物价波动的影响途径可以得到，国外物价上涨，导致国内物价相对便宜，出口增长，国内消费品需求增加，带动了本国产品生产的扩张，本国厂商部门对劳动力的需求量增加，实际工资上升，随着实际工资的上升，本国生产的实际边际成本开始上升，国内物价上升，对本国物价产生向上的压力。由于贸易顺差增大，净国外资产占国内生产总值的比例上升。同时由于国外物价上涨，本国厂商部门进口中间投入品的价格上涨，导致生产的实际边际成本上升，国内物价上升，对本国物价产生向上的压力。另一方面，国外物价上涨导致进口消费品价格水平上升，本国物价上升。为应对国外物价波动造成的国内物价波动，在制定策略上，本项研究从影响国外物价波动的产业结构、汇率制度、进出口政策、工资制度、国际合作等方面进行政策制定。

（1）加快产业结构调整，转变经济发展方式。长期以来，我国对能源、原材料等资源的巨大需求，使得国内市场不能满足需求，进而转向国际市场。当国际初级产品（例如能源、原材料）价格变动时就会通过我国的进口贸易，以输入成本的形式把国际市场的价格变动因素传递到国内，引起国内物价水平波动，这样我国企业就承担了国际市场成本。为了应对这种成本输入型的外部因素，一方面了解和参与到大宗商品游戏规则中去，在产业链整合上，扩大海外投资规模，建立稳定的农产品和资源海外供应基地；积极鼓励企业特别是民企在海外金融市场以控股或参股方式投资资源类上市企业；发展我国期货市场，建立和完善我国的资源储备体系，力争成为某些大宗商品的全球定价中心。另一方面必须加大产业结构调整，转变经济发展方式。目前我国主要以劳动密集型产业为主，鉴于劳动密集型产业极易受国际大宗商品价格的影响，在制定产业政策时，应该引导企业由劳动密集型产业向技术密集型产业转变，提高附加值，减少对国际大宗商品市场的影响。总之，要调结构，转方式，要走一条新型工业化道路，做到高科技、高收益、低污染，充分发挥人才优势，减少对外依存度，增强本国优势。

（2）进一步完善汇率制度改革。汇率的变动直接影响到国内外产品的相对价格，进而影响到进出口需求，对国内物价产生影响。我国现行的汇率制度是有管理的浮动汇率制度，由于受国内金融环境的影响，我国的汇率制度仍然具有固定汇率的特点。浮动汇率相对于固定汇率制度来说，操作性更大，更灵活。因此为稳定物价，应该进一步完善汇率制度改革，增强人民币汇率弹性。未来可尝试定期公布名义有效汇率，逐渐把有效汇率水平作为人民币汇率水平的参照系和调控的参考。所谓实际有效汇率主要包含两方面，一是增加双边波动，二是增加币种组合。浮动汇率制度的实施可以起到防止国外物价影响国内物价的防火墙的作用。汇率制度改革不是一蹴而就的变革，应该在弄清汇率变动对我国物价影响的基础上，谨慎进行调整。利用人民币升值对物价上涨产生抑制作用，在实际情况中可能极其缓慢，效果也不理想。

（3）提高国际合作质量，降低物价波动幅度。随着经济全球化的不断发展，各国之间的相互利益趋于一致，加强国际合作，制定有效的政策，对于全球物价稳定都具有重要的积极意义。因此，中国也应该积极融入国际大环境中，参与国际分工，加强国际合作，在国际市场上占有一席之地，在制定全球政策时发挥作用，为保持中国物价稳定做出贡献。

如果不加强物价波动的国际合作，我国物价波动幅度会增大，因此应加强与其他国家和地区的进一步合作。针对目前中国经济的发展和在国际上的政治定位，需要加强经济政治领域合作的是新兴市场国家，我国应该积极主动的协调各国财政和货币政策。国际货币体系目前以西方发达国家为主，我国应联合广大发展中国家，共同推进国际货币体系改革，改变世界储备货币结构，构建"多元本位币"的货币储备体系。积极推进人民币国际化，人民币加入 SDR 大大提升了人民币在国际货币舞台的地位。加深与 WTO 组织的合作，加强各国在各领域的交流与合作，通过贸易救助以及磋商谈判等方式更好地维护自身的利益，努力提高对外开放水平，扩大对外开放领域，优化开放结构。由于美国等发达国家的经济状况也会对资源价格产生影响，故而与这些国家进行政策协调也是很重要的，这些协调可利用 G20 会议、中美战略对话等渠道进行。只有加强国际合作，才能将物价控制在一定的波动范围内。

（4）其他针对输入性通胀的措施包括：促进行业充分竞争，如此才能使得企业加强成本控制，而不是简单的让原材料价格直接传导到终端消费品；制造企业愿意投资的环境，创造有利于这些行业和企业发展的信贷产品与信贷环境，引导资金流向实体企业，这样可以在一定程度上减轻流动性资金炒作大宗商品，间接缓解输入性通胀压力；着眼于国内紧缩才是应对的最佳策略，在各项紧缩措施中，信贷和利率是最常用的措施。

6.1.2 我国促进本国生产技术进步的对策措施

本国生产技术进步可以降低生产成本，使物价降低，这种基于技术进步的物价波动是值得提倡的，因此，在促进生产技术进步的措施中应做到以下几点。企业要长久立于不败之地，就要加大资金投入，加强自己的融资能力，逐步建立起以企业为主体，多渠道、全方位的资金支持和保障体系。另一方面，优化技术进步的投资结构。我国在创新费用开支方面存在着生产性投资偏高，而设计和工程化投资比例偏低的问题。运用合理的投资结构，使有限的资金创造效用最大。同时，在技术人才方面，在企业现在技术能力基础上，有条件地以各种形式吸引研究与开发（R&D）机构进入企业，增强企业 R&D 力量。注重产学研的结合。政府应担当起服务职能，规范化为企业服务的中介服务，建立和健全一个功能齐备、环境良好的交易市场，制定并执行公开、公平、公正的交易规则，为企业技术进步营造必需的外部环境。强化国家财政在技术进步中的支持力度，特别是财税方面的优惠政策，由于技术进步是推动经济发展的公共基础，类似于"公共产品"，促进技术进步也就在政府的职能范围之中。

6.2 基于货币政策和财政政策角度的政策设计

从影响我国物价波动的货币政策与财政政策来看，货币政策效果强于财政政策，特别是货币政策中的货币供应冲击对我国物价波动影响较大，说明我国的货币供应政策对我国物价有着重要的影响，利率政策作用不是很明显，货币混合政策处于两者之间。针对这种情况，应该从以下几点制定措施。

6.2.1 我国应对物价波动的货币政策措施

因为货币政策对控制物价更为有效，只要控制住了货币总量，物价上涨的速度就大体可以得到控制。当本国物价上涨时，可以采取提高利率、紧缩货币供应的措施；当本国物价下降时，采取相反的措施。从对物价波动的贡献率大小来看，货币供应政策更大，从而使物价回到稳态的周期来看，利率政策更短。因此，在制定物价政策时，要视情况而定。目前，我国货币传导机制主要依靠传统的信贷渠道，我国应加快利率市场化改革，逐步建立以利率为货币政策中介目标，其他多种指标为辅的货币政策机制，并最终实现社会主义市场经济体制。当然，在利率市场化改革的进程中难免存在风险，因此我国的利率市场化进程应吸取其他国家的经验教训，并在充分认识我国利率市场化条件尚不完全具备的前下，结合我国国情制定市场利率化模式，在政府的有效监管下稳步推进利率市场化，循序渐进，并及时防范市场利率化给商业银行等金融机构带来的风险。

6.2.2 我国应对物价波动的财政政策措施

从本研究的分析结果看出，我国的财政政策对本国物价波动的贡献率很小，说明财政政策不是影响本国物价波动的主要因素。而当经济处于低谷时，即当出现"凯恩斯陷阱"的情况时，货币政策就显得无能为力，这时可以侧重于财政政策，主要解决有效需求不足问题，可以弥补一下货币政策的不足。这时就要加强货币主管部门和财政主管部门的信息沟通，两者之间的有效沟通是提高财政政策和货币政策相互配合效果的重要途径。

此外从分析结果看出，外汇市场风险溢价冲击对我国物价波动有着重要的影响。汇率风险溢价是从投资者风险偏好角度对资本国际间流动趋势、方向进行判断的重要因素，汇率风险溢价波动状态变化与汇率政策、货币政策和资本管制程度的时机选择密不可分。因此，它是许多政策综合作用的结果，这里不再详述。

第 7 章

研究结论与展望

7.1　主要研究结论

本研究首先以小国开放经济 DSGE 模型分析框架为依据，构建了一个适合中国国情的开放经济 DSGE 模型，对本国物价的动态性进行数量分析。模型包含本国居民部门、本国厂商部门、本国政府部门、国外部门等四个部门，具有明确的微观经济基础。模型引入了消费习惯、价格黏性。模型中引入的外汇市场风险溢价因子，考虑了国外净资产与国内生产总值的比例对国外资产收益率的影响。模型首先采用扩展的泰勒规则描述央行利率政策。模型稳态参数的确定主要采用校准的方法，动态参数的确定主要采用基于 MCMC 的贝叶斯估计方法。本研究利用此开放经济 DSGE 模型考察了本国消费偏好冲击、国外实际利率冲击、本国生产技术冲击、本国政府实际支出冲击、本国利率冲击、国外总需求冲击、国外物价冲击、外汇市场风险溢价冲击对我国物价波动的影响。然后在此基础上对模型作了扩展，构建了一个包含居民实际货币余额持有量和货币供应规则的适合中国国情的开放经济 DSGE 模型，最后构建了一个货币政策混合规则下的适合中国国情的开放经济 DSGE 模型。利用构建模型，通过编程实现各因素对本国物价的定量影响。得出以下主要结论：

第一，利率规则下得出供给冲击是影响我国物价波动的最重要因素，特别是供给冲击中的国外物价冲击，对本国物价波动的长期贡献率在83% 左右。

第二，相比利率规则，货币供应量规则下，各种外生冲击对本国物价的影响幅度更小，使物价达到稳定的时间更长。因此，利率规则相较于货币供应量规则使物价迅速调整至稳定状态。货币供应量规则下，本国供给冲击是影响我国物价波动的最重要因素，其次依次是货币冲击、外汇市场风险溢价冲击。供给冲击中的国外物价冲击，对本国物价波动的长期贡献率在 75% 左右。相较于本国利率冲击，本国货币供应冲击下，供给冲击对本国物价波动的贡献率下降，货币冲击对本国物价波动的影响更大，外汇市场风险溢价略有上升。

第三，相比利率规则，货币供应规则下，各种外生冲击对本国物价的影响时间更长。货币供应规则下，本国供给冲击是影响我国物价波动的最重要因素，其次依次是货币冲击、外汇市场风险溢价冲击。供给冲击中的国外物价冲击，对本国物价波动的长期贡献率在 74% 左右。因此，为了稳定物价，应该做好供给管理政策，关注国外物价波动和本国厂商生产技术进步。相较于本国利率冲击，本国货币供应冲击下，供给冲击对本国物价波动的贡献率下降，货币冲击对本国物价波动的影响更大，外汇市场风险溢价略有上升，因此在制定稳定本国物价政策时除重点关注供给管理政策，还应该重点关注本国货币供应政策的实施以及外汇市场风险溢价因素。

第四，相较于利率规则，货币政策混合规则下，本国消费偏好增加、国外总需求增加使本国物价达到平稳的时间更长。相较于货币供应规则，本国厂商生产技术进步、本国消费偏好增加、本国政府实际支出增加使本国物价达到平稳的时间更长，国外物价上涨使本国物价达到平稳的时间更短。其他冲击使本国物价达到平稳的时间变化不大。相比利率规则和货币供应规则，货币政策混合规则下，各外生冲击对本国物价波动的贡献率处于两者之间。货币政策混合规则下，供给冲击是影响我国物价波动的最重要因素，其次依次是外汇市场风险溢价冲击、货币冲击。供给冲击中的国外物价冲击，对本国物价波动的长期贡献率在82%左右，本国厂商生产技术冲击短期贡献率在31%左右，长期在9%左右。

第五，从分析结果可知为了稳定物价，应该做好供给管理政策，关注国外物价波动和本国厂商生产技术进步，需求冲击、货币政策和财政政策对我国物价波动的影响都不显著。除重点关注供给管理政策，还应该重点关注外汇市场风险溢价因素及本国货币供应规则和本国货币政策混合规则的实施。

第六，最后根据结论分别从供给角度、货币政策与财政政策角度两个方面进行政策体系设计，最后对外汇市场风险溢价的政策做了简要介绍。供给角度中，为应对国外物价波动从产业结构、汇率机制、国际合作等方面进行政策制定。为促进本国生产技术进步从企业融资、人才引进、国家财政支持等方面进行政策制定。货币政策与财政政策角度中，

从利率改革、货币政策与财政政策相互配合等方面进行政策制定，最后
简要介绍了外汇市场风险溢价的政策。

7.2 研 究 展 望

首先，为了简化模型，本研究假定经济主体都是同质的，为了更加
贴近现实经济，可以在模型中考虑经济主体的异质性特征。现实经济中
的经济主体不可能都是同质的，比如消费者，有李嘉图式的消费者，也
有"有经验的"的消费者和受到流动性约束的消费者，他们的消费是高
度敏感于现期收入的，模型中考虑经济主体的异质性特征是未来进一步
研究的重要方向。

其次，可以考虑将商品分为贸易品和非贸易品。本研究为了简化，
直接将商品视为贸易品，不符合实际，在以后的研究中，可以作为改进
的一个方向。

再次，本国主要运用了贝叶斯方法对模型进行估计，这一方法的结
论对参数先验分布的选择有很强的依赖性，如果参数先验分布选取的不
正确，会造成参数先验分布与后验分布差距太大，从而使估计效果不理
想。本研究的贝叶斯先验分布的选择主要是借鉴国内外文献中最为常见
的参数分布，在这种情况下，某些事先参数的估计存在较大差异的主要
原因在于自 20 世纪 90 年代以来，我国才逐渐出现正式编制的季度数据，
而且这其中：一部分数据只有月度数据（比如代表物价的 CPI 指数），作
者自己运用相应的统计方法来加总，并且还要进行季节性调整，不同的
作者根据不同的方法对这些原始经济数据加工的结果势必会导致不同的

参数估计结果；另外一部分数据甚至并没有官方编制的，这些也都需要文献作者寻找合适的变量数据来进行替代，这样也会造成差异化的参数估计结论。因此，导致本研究中 DSGE 模型的事先参数选择上存在不足的原因可能是由国内文献中的部分参数估计没有达成共识引起的，因此，未来研究的一个重要方向是，对该类参数的事先分布进行更加深入细致的分析，使贝叶斯估计方法更加有效，也使模拟更加与实际吻合。

附　　录

附录 A　第 3 章开放经济 DSGE 模型有关估计程序及结果

var sh Q_IM Q_H Q gdp nx s u ha hb p_IM p_htide pi_h C C_H p_h C_IM b

lambda r re r_Fstar R N w Y A mc pi G_H G G_IM ne EX X_star pi_star IM;

varexo e_b e_A e_G e_R e_Xstar e_pistar e_r_Fstar e_u;

parameters CH_QH GH_QH omega mcbar eta epsilon rho_r_Fstar alpha rho

rho_u rho_b beta h sigma fai rho_A thet rho_G rho_R rho_pi rho_gdp rho_ne

rho_star rho_Xstar rho_pistar CIMbar_QIMbar GIMbar_QIMbar IM_QIMbar

CHbar_Ybar GHbar_Ybar EXbar_Ybar EXbar_gdpbar;

CH_QH = 0.992;

GH_QH = 0.008;

omega = 0.4;

mcbar = 0.91;

epsilon = 11;

rho_u = 0.6;

eta = 0.0015;

alpha = 0.74;

rho = 2.5;

beta = 0.9977;

```
h = 0. 6812 ;

sigma = 0. 3756 ;

fai = 0. 42 ;

thet = 0. 75 ;

rho_star = 2. 5 ;

rho_R = 0. 5 ;

rho_pi = 0. 5 ;

rho_gdp = 0. 5 ;

rho_ne = 5 ;

rho_b = 0. 6 ;

rho_A = 0. 6 ;

rho_G = 0. 6 ;

rho_Xstar = 0. 6 ;

rho_pistar = 0. 6 ;

rho_r_Fstar = 0. 6 ;

CIMbar_QIMbar = 0. 134 ;

GIMbar_QIMbar = 0. 008 ;

IM_QIMbar = 0. 858 ;

CHbar_Ybar = 0. 85 ;

GHbar_Ybar = 0. 01 ;

EXbar_Ybar = 0. 14 ;

EXbar_gdpbar = 0. 23 ;


model( linear) ;
```

alpha * p_h + (1 − alpha) * p_IM = 0 ;

Q_H = − rho * p_h + Q ;

Q_IM = − rho * p_IM + Q ;

C_H = − rho * p_h + C ;

C_IM = − rho * p_IM + C ;

G_H = − rho * p_h + G ;

G_IM = − rho * p_IM + G ;

lambda = 1/(1 − beta * h) * (b − 1/(sigma * (1 − h)) * (C − h * C(−1))) − beta * h/(1 − beta * h) * (b(+1) − 1/(sigma * (1 − h)) * (C(+1) − h * C)) ;

lambda = r(+1) + lambda(+1) ;

r = R − pi ;

lambda = lambda(+1) + re(+1) − re + r_Fstar(+1) − eta * s + u ;

re = ne − ne(−1) + pi_star + re(−1) − pi ;

1/fai * N = lambda + w ;

Y = A + N ;

IM = Y ;

mc = (1 − omega/mcbar) * (w − A) + omega/mcbar * p_IM ;

ha = (1 − beta * thet) * (lambda + Y) + beta * thet * (1 − epsilon) * pi_h − beta * thet * pi(+1) + epsilon * beta * thet * pi_h(+1) + beta * thet * ha (+1) ;

hb = (1 − beta * thet) * (lambda + Y + mc) + epsilon * beta * thet * (pi_h(+ 1) − pi_h) + beta * thet * hb(+1) ;

ha + p_htide − hb = 0 ;

p_h = (1 – thet) ∗ p_htide + thet ∗ (pi_h(–1) + p_h(–1) – pi) ;

thet ∗ pi_h – (1 – thet) ∗ p_htide + (1 – thet) ∗ p_h – thet ∗ pi_h(–1) = 0 ;

EX = rho_star ∗ (re – p_h) + X_star ;

Q_IM = CIMbar_QIMbar ∗ C_IM + GIMbar_QIMbar ∗ G_IM + IM_QIMbar ∗ IM ;

Q_H = CH_QH ∗ C_H + GH_QH ∗ G_H ;

Y = sh + CHbar_Ybar ∗ C_H + GHbar_Ybar ∗ G_H + EXbar_Ybar ∗ EX ;

sh = epsilon ∗ (1 – thet) ∗ (p_h – p_htide) + epsilon ∗ thet ∗ (pi_h – pi_h(–1))) ;

gdp = Y ;

nx = EXbar_gdpbar ∗ (p_h + EX – p_IM – Q_IM) ;

s = 1/beta ∗ s(–1) + nx ;

b = rho_b ∗ b(–1) + e_b ;

A = rho_A ∗ A(–1) + e_A ;

G = rho_G ∗ G(–1) + e_G ;

X_star = rho_Xstar ∗ X_star(–1) + e_Xstar ;

pi_star = rho_pistar ∗ pi_star(–1) + e_pistar ;

r_Fstar = rho_r_Fstar ∗ r_Fstar(–1) + e_r_Fstar ;

R = rho_R ∗ R(–1) + (1 – rho_R) ∗ (rho_pi ∗ pi + rho_gdp ∗ gdp + rho_ne ∗ ne) + e_R ;

u = rho_u ∗ u(–1) + e_u ;

end ;

initval ;

```
sh = 0;

Q_IM = 0;

Q_H = 0;

Q = 0;

gdp = 0;

nx = 0;

s = 0;

u = 0;

pi_h = 0;

p_htide = 0;

ha = 0;

hb = 0;

p_IM = 0;

C = 0;

C_H = 0;

p_h = 0;

C_IM = 0;

b = 0;

lambda = 0;

r = 0;

re = 0;

r_Fstar = 0;

R = 0;

N = 0;
```

```
w = 0;

Y = 0;

A = 0;

mc = 0;

pi = 0;

G_H  = 0;

G = 0;

G_IM = 0;

ne = 0;

EX = 0;

X_star = 0;

pi_star = 0;

IM = 0;

end;


model_diagnostics;


shocks;
var e_b;
stderr 0. 05;
var e_A;
stderr 0. 05;
var e_G;
stderr 0. 05;
```

```
var e_R;

stderr 0. 05;

var e_Xstar;

stderr 0. 05;

var e_pistar;

stderr 0. 05;

var e_r_Fstar;

stderr 0. 05;

var e_u;

stderr 0. 05;

end;


resid (1);

steady;

check;


stoch_simul (order = 1, periods = 1000, hp_filter = 1600);

save Simudata40 pi r G gdp EX;


estimated_params;

rho_R, beta_pdf, 0. 5, 0. 2;

rho_pi, gamma_pdf, 2, 1;

rho_gdp, gamma_pdf, 2, 1;

rho_ne, gamma_pdf, 5, 2;
```

rho_b, beta_pdf, 0. 6, 0. 2;

rho_A, beta_pdf, 0. 6, 0. 2;

rho_G, beta_pdf, 0. 6, 0. 2;

rho_Xstar, beta_pdf, 0. 6, 0. 2;

rho_pistar, beta_pdf, 0. 6, 0. 2;

rho_r_Fstar, beta_pdf, 0. 6, 0. 2; 1

rho_u, beta_pdf, 0. 6, 0. 2;

eta, gamma_pdf, 0. 0015, 0. 0005;

stderr e_R, inv_gamma_pdf, 0. 05, inf;

stderr e_b, inv_gamma_pdf, 0. 05, inf;

stderr e_A, inv_gamma_pdf, 0. 05, inf;

stderr e_G, inv_gamma_pdf, 0. 05, inf;

stderr e_Xstar, inv_gamma_pdf, 0. 05, inf;

stderr e_pistar, inv_gamma_pdf, 0. 05, inf;

stderr e_r_Fstar, inv_gamma_pdf, 0. 05, inf;

stderr e_u, inv_gamma_pdf, 0. 05, inf;

end;

varobs pi r G gdp EX;

estimation(datafile = Simudata40, mh _ replic = 20000, mh _ jscale = 0. 35,

first_obs = 1, nobs = 105, mode_compute = 6, mode_check, smoother);

shock_decomposition pi r G gdp EX;

表 A1　　　　　　　　　　程序中符号与正文中符号对照表

程序中符号	正文中符号	符号含义
sh	sh	产品市场垄断竞争对资源配置效率的影响
Q_H	Q_H	本国对国内产品的总需求
Q	Q	本国产品总需求
gdp	gdp	实际国内生产总值
nx	nx	本国名义净出口占名义国内生产总值的比例
s	s	净国外资产占国内生产总值的比例
u	u	外汇市场风险溢价冲击过程
ha	ha	本国厂商 Calvo 定价中间变量
hb	hb	本国厂商 Calvo 定价中间变量
p_IM	P_{IM}	以本币计价的进口产品相对价格
p_htide	$\widetilde{P}_h$	重新最优化价格的本国厂商所确定的相对价格
pi_h	π_h	国内消费物价指数
C	C	本国家庭的实际消费需求
C_H	C_H	本国家庭对国内产品的消费需求量
p_h	P_h	国内产品相对价格
C_IM	C_{IM}	本国家庭对进口产品的消费需求量
b	b	本国消费偏好冲击过程
$lambda$	λ	家庭预算约束对应的拉格朗日乘子
r	r	本国实际利率
re	re	以直接标价法表示的实际汇率
r_Fstar	r_F^*	国外实际利率
R	R	本国名义利率
N	N	本国家庭提供的劳动量
w	w	本国实际工资
Y	Y	本国厂商部门总产量
A	A	本国厂商的生产技术水平
mc	mc	本国厂商的实际边际成本

续表

程序中符号	正文中符号	符号含义
pi	π	本国消费物价指数
G_H	G_H	本国政府部门对国内产品的需求量
G	G	本国政府实际支出
G_IM	G_{IM}	本国政府对进口产品的需求量
ne	ne	以直接标价法表示的名义汇率
EX	EX	国外对国内产品的需求量
X_star	X^*	国外总需求
pi_star	π^*	国外消费物价指数
Q_IM	Q_{IM}	本国对进口产品的需求量
e_b	e_b	本国消费偏好冲击
e_A	e_A	本国厂商部门生产技术冲击
e_G	e_G	本国政府支出冲击
e_R	e_R	本国名义利率冲击
e_Xstar	e_{X*}	国外总需求冲击
e_pistar	$e_{\pi*}$	国外消费物价指数冲击
e_r_Fstar	$e_{r_F^*}$	国外实际利率冲击
e_u	e_u	外汇市场风险溢价冲击
$omega$	ω	本国厂商部门进口中间投入品的投入比例
$mcbar$	$\overline{mc}$	稳态时本国厂商实际边际成本
$CHbar\_QHbar$	$\overline{C_H}/\overline{Q_N}$	稳态时本国家庭部门对国内产品的消费需求与对国内产品总需求之比
$GHbar\_QHbar$	$\overline{G_H}/\overline{Q_H}$	稳态时本国政府对国内产品的消费需求与对国内产品总需求之比
$CIMbar\_QIMbar$	$\overline{C_{IM}}/\overline{Q_{IM}}$	稳态时本国家庭部门进口产品的消费需求与全部进口产品之比
$GIMbar\_QIMbar$	$\overline{G_{IM}}/\overline{Q_{IM}}$	稳态时本国政府部门进口产品的消费需求与全部进口产品之比
eta	η	外汇风险溢价参数
$epsilon$	ε_p	国内产品之间的替代弹性

续表

程序中符号	正文中符号	符号含义
rho_r_Fstar	$\rho_{r_F^*}$	国外实际利率自回归系数
alpha	α	国内商品需求占总需求的比例
rho	ρ	国内消费品和进口消费品之间替代弹性
rho_u	ρ_u	外汇市场风险溢价冲击自回归系数
rho_b	ρ_b	本国居民消费偏好冲击自回归系数
beta	β	贴现因子
h	h	消费习惯形成参数
sigma	σ	本国家庭部门消费的跨期替代弹性
fai	ϕ	本国家庭劳动供给弹性
rho_A	ρ_A	本国厂商生产技术冲击自回归系数
thet	θ	价格黏性程度参数
rho_G	ρ_G	本国政府支出冲击自回归系数
rho_R	ρ_R	货币规则利率调整的惯性项
rho_pi	ρ_π	货币政策规则利率关于本国消费物价指数的弹性
rho_gdp	ρ_{gdp}	货币政策规则利率关于实际国内生产总值的弹性
rho_ne	ρ_{ne}	货币政策规则利率关于汇率的弹性
rho_star	ρ^*	国外产品与国内产品之间的替代弹性
rho_Xstar	ρ_{X*}	国外总需求冲击自回归系数
rho_pistar	$\rho_{\pi*}$	国外消费物价指数冲击自回归系数
CHbar_Ybar	$\overline{C_H}/\overline{Y}$	稳态时本国家庭部门对国内产品的消费需求与本国生产的产品之比
GHbar_Ybar	$\overline{G_H}/\overline{Y}$	稳态时本国政府部门对国内产品的消费需求与本国生产的产品之比
EXbar_Ybar	$\overline{EX}/\overline{Y}$	稳态时出口与本国生产的产品之比
EXbar_gdpbar	$\overline{EX}/\overline{gdp}$	稳态时出口与实际国内生产总值之比

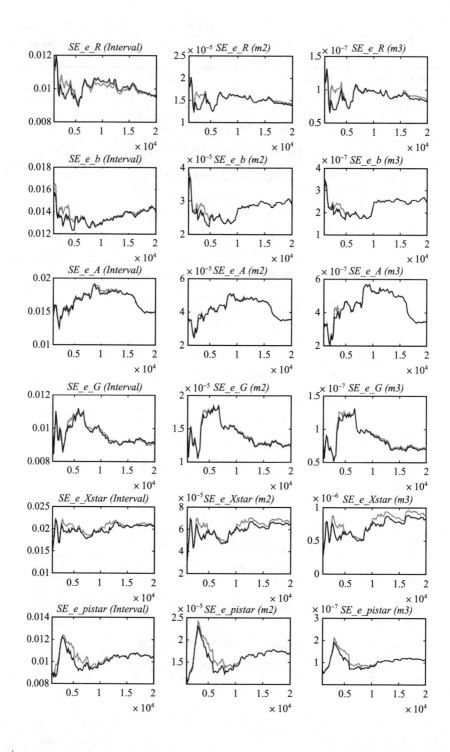

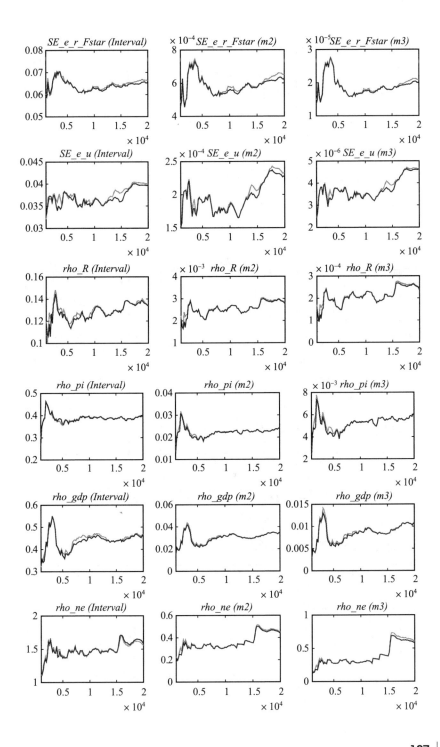

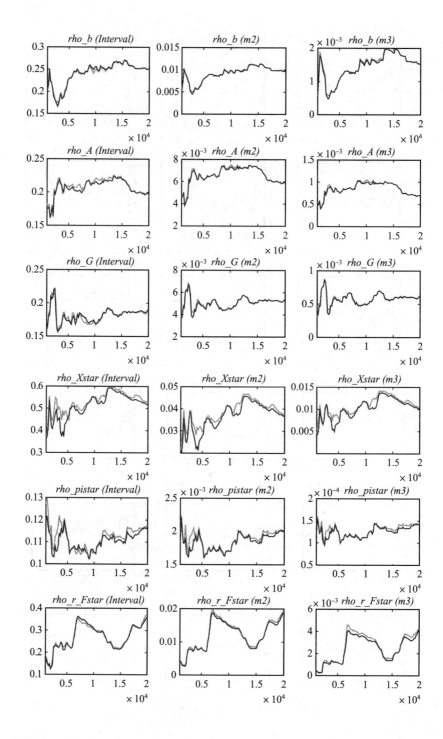

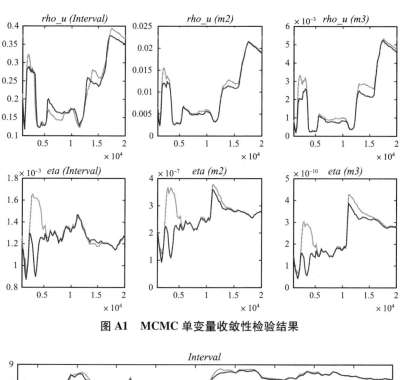

图 A1　MCMC 单变量收敛性检验结果

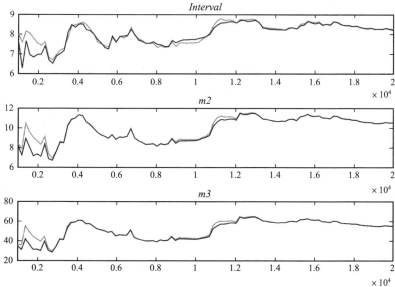

图 A2　MCMC 多变量收敛性检验结果

注：横轴表示模拟次数，纵轴表示度量指标差异，"interval"是参数均值，"m2"是方差，"m3"是第 3 阶矩。

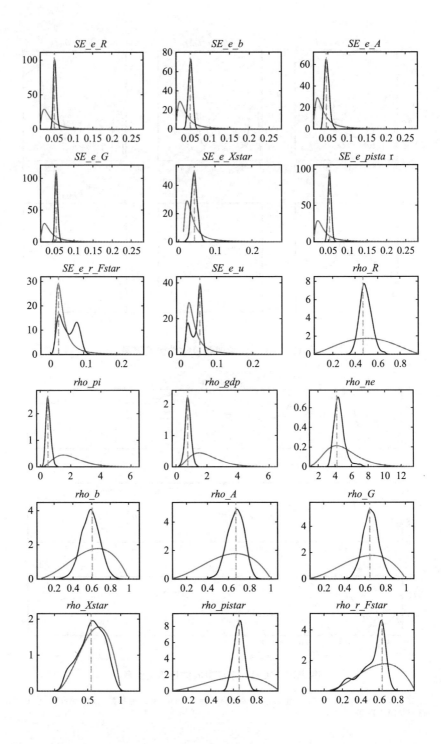

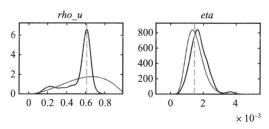

图 A3 部分参数的先验分布和后验分布

注：图中灰线对应先验分布，黑线对应后验分布，竖线对应后验分布均值。

附录 B 第 4 章在第 3 章基础上关于开放经济 DSGE 模型程序的修改及估计结果

```
var m um;

varexo e_um ;


parameters  gamma1 rho_um rho_pi rho_gdp rho_ne ;

gamma1 = 0.5995;

rho_um = 0.5;

rho_pi = 1.5;

rho_gdp = 0.12;

rho_ne = 0.5;


model（linear）;

um = rho_um * um（ -1 ） - （ 1 - rho_um ） * （ rho_pi * pi + rho_gdp * gdp +

rho_ne * ne） + e_um;

um = m - m（ -1 ） + pi;

 -1/gamma1 * m = r + lambda（ +1 ）;
```

```
end;


initval;

m = 0;

um = 0;

end;


model_diagnostics( M_, options_, oo_);


shocks;

var e_um;

end;


resid(1);

steady;

check;


stoch_simul (order = 1, periods = 1000, hp_filter = 1600);

save Simudata2 um ;


estimated_params;

rho_um, beta_pdf, 0. 5, 0. 15;

rho_pi, normal_pdf, 1. 5, 0. 3;

rho_gdp, normal_pdf, 0. 12, 0. 05;
```

rho_ne，normal_pdf，0.5，0.15；

stderr e_um，inv_gamma_pdf，0.05，inf；

end；

varobs um；

estimation(datafile = simudata2)；

shock_decomposition um；

表 B1　　　　程序中符号与正文中符号对照表（第 4 章）

程序中符号	正文中符号	符号含义
um	u_M	本国名义货币供应增长率
m	m	本国家庭持有的实际货币余额
rho_um	ρ_{u_M}	本国名义货币供应增长率冲击自回归系数
e_um	e_{u_M}	本国名义货币供应增长率冲击
gamma1	γ	货币需求利率弹性
rho_pi	ρ_π	本国央行货币供应政策对本国消费物价指数的反应系数
rho_gdp	ρ_{gdp}	本国央行货币供应政策对实际国内生产总值的反应系数
rho_ne	ρ_{ne}	本国央行货币供应政策对名义汇率的反应系数

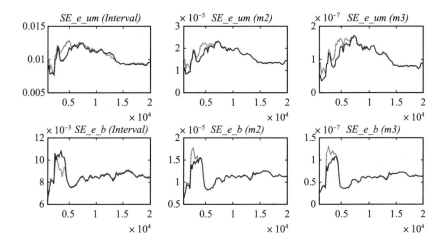

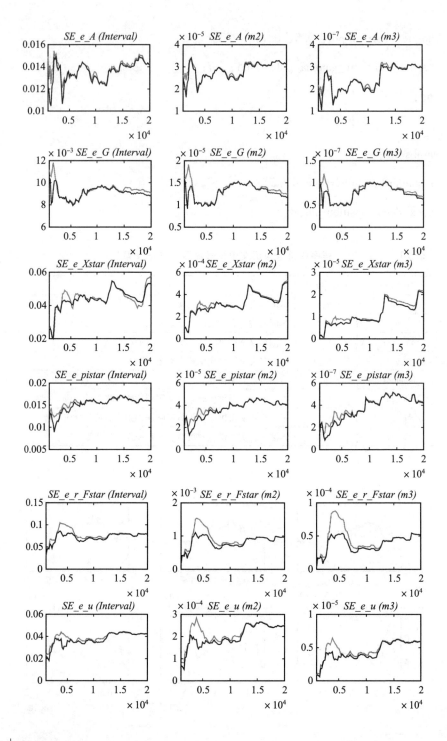

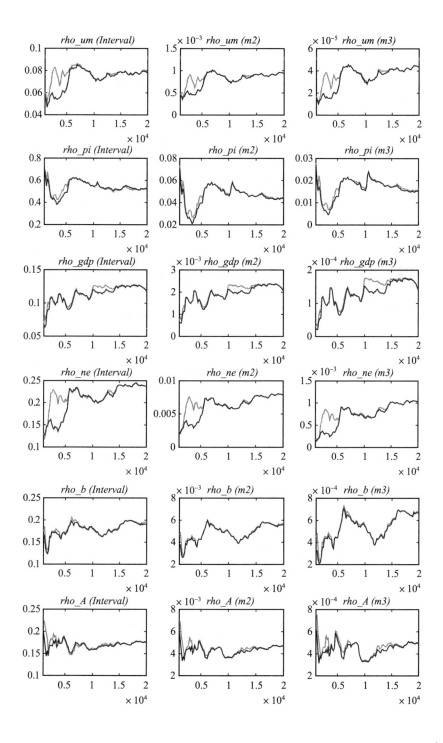

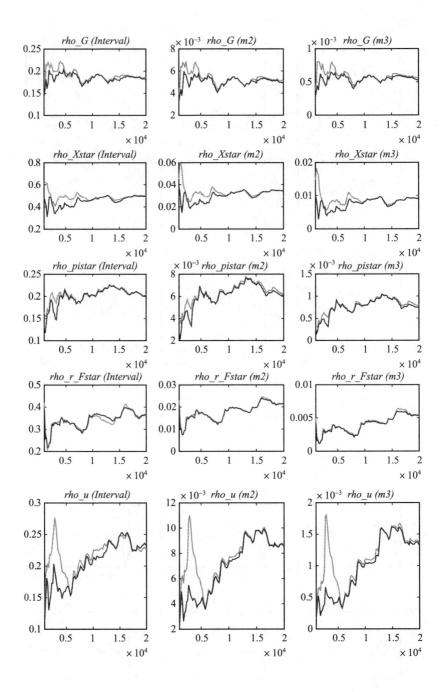

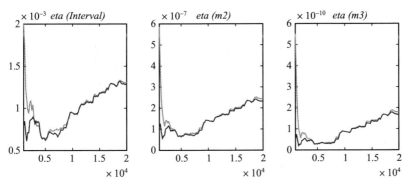

图 B1　MCMC 单变量收敛性检验结果

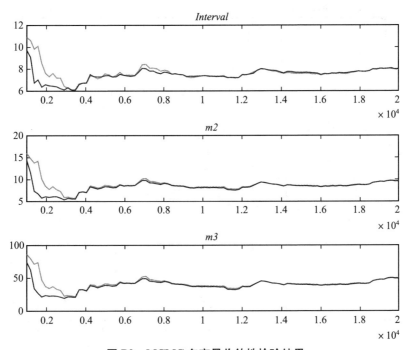

图 B2　MCMC 多变量收敛性检验结果

注：横轴表示模拟次数，纵轴表示度量指标差异，"interval"是参数均值，"m2"是方差，"m3"是第 3 阶矩。

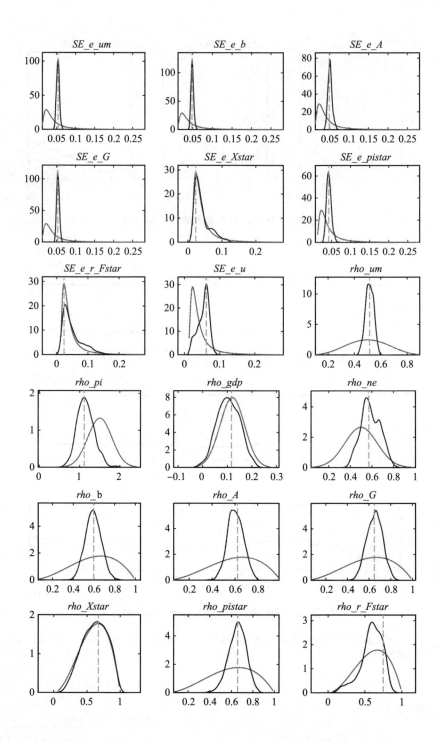

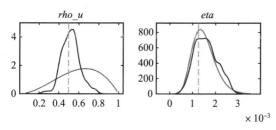

图 B3　部分参数的先验分布和后验分布

注：图中灰线对应先验分布，黑线对应后验分布，竖线对应后验分布均值。

附录 C　第 5 章在第 4 章基础上关于开放经济 DSGE 模型程序的修改及估计结果

varexo　e_R；

parameters　rho_R rho_um rho_pi rho_gdp rho_ne；

rho_R = 0. 5；

rho_um = 1；

rho_pi = 2；

rho_gdp = 2；

rho_ne = 5；

model（linear）；

R = rho_R * R（ - 1）+（1 - rho_R）*（rho_pi * pi + rho_gdp * gdp + rho_ne * ne + rho_um * um）+ e_R；

var e_R；

stderr 0. 05；

```
end;


resid(1);

steady;

check;


stoch_simul(order = 1, periods = 1000, hp_filter = 1600);

save Simudata3   r;

estimated_params;

rho_R, beta__pdf, 0.5, 0.2;

rho_um, gamma_pdf, 1, 0.5;

rho_pi, gamma_pdf, 2, 1;

rho_gdp, gamma_pdf, 2, 1;

rho_ne, gamma_pdf, 5, 2;

stderr e_R, inv_gamma_pdf, 0.05, inf;

end;


varobs r;

estimation(datafile = simudata3);

shock_decomposition r;
```

表 C1　　　　　　　程序中符号与正文中符号对照表（第 5 章）

程序中符号	正文中符号	符号含义
rho_um	ρ_{u_M}	货币政策规则利率关于本国名义货币供应增长率弹性
e_R	e_R	本国货币政策冲击的标准差
rho_pi	ρ_π	货币政策规则利率关于本国消费物价指数的弹性
rho_gdp	ρ_{gdp}	货币政策规则利率关于实际国内生产总值的弹性
rho_ne	ρ_{ne}	货币政策规则利率关于名义汇率的弹性
rho_R	ρ_R	货币规则利率调整的惯性项

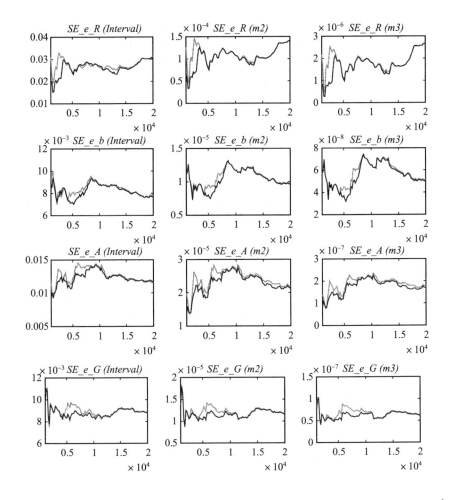

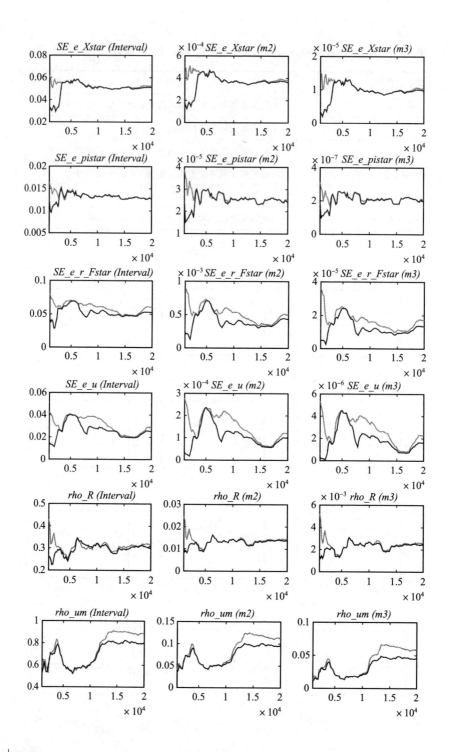

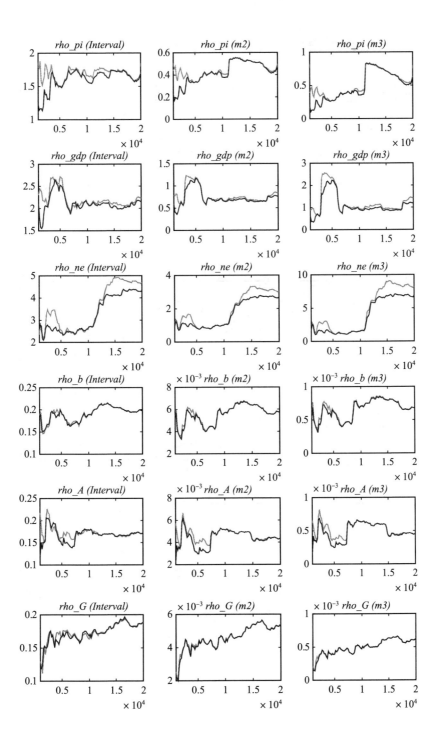

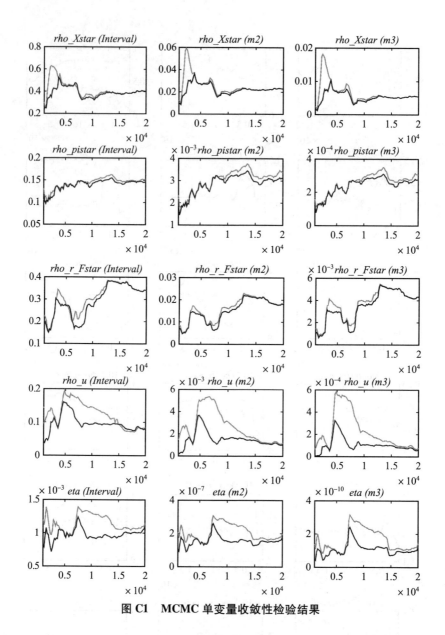

图 C1　MCMC 单变量收敛性检验结果

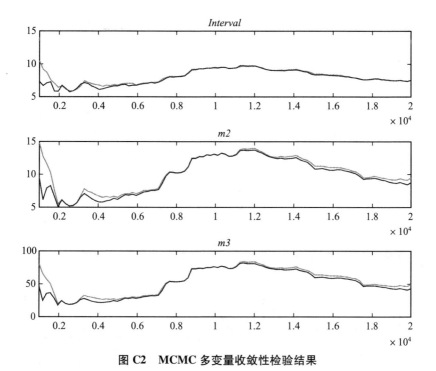

图 C2　MCMC 多变量收敛性检验结果

注：横轴表示模拟次数，纵轴表示度量指标的差异，"interval"是参数均值，"m2"是方差，"m3"是第 3 阶矩。

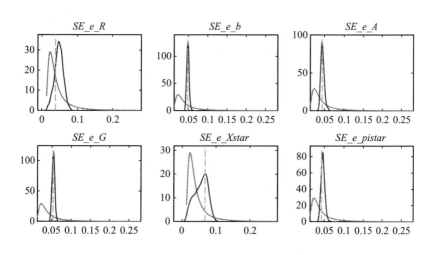

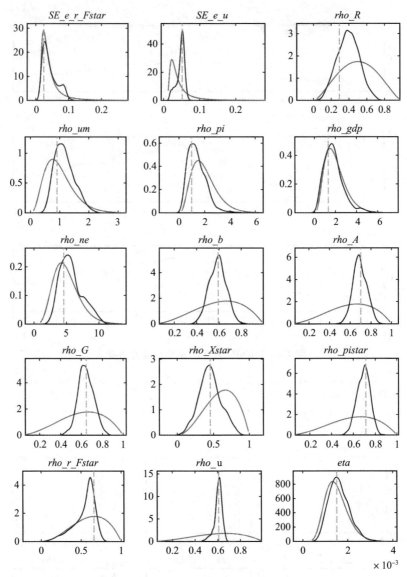

图 C3　部分参数的先验分布和后验分布

注：图中灰线对应先验分布，黑线对应后验分布，竖线对应后验分布均值。

参 考 文 献

［1］ Fisher I. The Purchasing Power of Money ［M］. New York：Macmillan，1911.

［2］ Keynes J M. The General Theory of Employment Interest and Money ［M］. London：Macmillan，1936.

［3］ Mccandless G T，Jr. ，Weber W E. Some Monetary Facts ［J］. Federal Reserve Bank Bank of Minneapolis Quarterly Review，1995，19（3）.

［4］ Grauwe P. ，Polan M. Is Inflation Always and Everywhere a Monetary Phenomenon？ ［J］. Scandinivian Journal of Economics，2005，107（2）：239－259.

［5］ Ivrendi M，Guloglu B. Monetary Shocks，Exchange Rate and Trade Balances：Evidence from Inflation Targeting Countries ［J］. Economic Modeling，2010，27（5）：1144－1155.

［6］ 李军. 货币供给与通货膨胀长期与短期关系分析 ［J］. 数量经济技术经济研究，1997（11）：44－49.

［7］ 刘斌. 我国货币供应量与产出、物价相互关系的实证研究 ［J］. 金融研究，2002（7）：10－17.

［8］ 常云昆，肖六亿. 货币供给冲击、产出与物价——对中国货币

政策的实证分析．山东社会科学，2004（4）：31 - 35.

[9] 王君斌．通货膨胀惯性、产出波动与货币政策冲击：基于刚性价格模型的通货膨胀和产出的动态分析 [J]．世界经济，2010（3）：71 - 94.

[10] 张成思．通货膨胀、经济增长与货币供应：回归货币主义？[J]．世界经济，2012（8）：3 - 21.

[11] 张五六．货币供应量与物价之间永久性、暂时性成分变动关系研究 [J]．统计与决策，2013（12）：7 - 11.

[12] 周启清，孟玉龙．中国货币供应量对物价影响的实证分析 [J]．宏观经济研究，2018（3）：25 - 32.

[13] Jong W J. Inflation in Developing Asia：Demand-pull or Cost-push? [J]. Journal of Asian Economics，2009，20（5）：507 - 518.

[14] 陈丹丹，任保平．需求冲击与通货膨胀——基于中国的经验研究 [J]．当代财经，2008（6）：9 - 13.

[15] 吴军，肖威，涂竞．中国通货膨胀成因的量化分析 [J]．国际金融研究，2011（11）：15 - 20.

[16] 张仲梁，叶值材，潘建成，等．通货膨胀、投资与经济增长——关于宏观调控背景的计量分析 [J]．管理世界，2004（9）：5 - 12.

[17] 孙晓娟，李丹．投资对 CPI 波动的传导机制分析 [J]．商业研究，2011（1）：143 - 147.

[18] Oppers S E. Macroeconomic Cycles in China [R]. International Monetary Found Working Paper，1997.

[19] 钱争鸣，郭鹏辉，李智．宏观主要经济变量对物价影响的动态

分析 [J]. 厦门大学学报, 2006 (1): 95 - 102.

[20] 丁永健, 鄢雯. 中国的通货膨胀是输入型的吗? ——物价波动国际传导路径的实证研究 [J]. 华东经济管理, 2011 (12): 61 - 65.

[21] Gordon R J. The Role of Wages in the Inflation Process [J]. American Economic Review, 1988, 78 (2): 276 - 283.

[22] Lown C S, Rich R W. Is There an Inflation Puzzle? [R]. Federal Reserve Bank of New York Research Paper, 1997 (3): 51 - 77.

[23] Galesi L. External Shocks and Inflation Linkages [R]. European Central Bank Working Paper Series, 2009.

[24] Walsh J P. Reconsidering the Role of Food Prices in Inflation [R]. IMF Working Paper, 2011.

[25] 范志勇. 中国通货膨胀是工资成本推动型吗? ——基于超额工资增长率的研究 [J]. 经济研究, 2008 (8): 102 - 112.

[26] 丁守海. 工资与物价会螺旋波动吗? [J]. 统计研究, 2010, 27 (9): 65 - 72.

[27] 陈克新. 原材料价格上涨不会引发严重通货膨胀 [J]. 数量经济技术经济研究, 2003, 20 (6): 28 - 29.

[28] 黄慧慧, 蔡则祥. 中国输入型通货膨胀的特征及机理分析 [J]. 南京审计学院学报, 2008, 5 (4): 21 - 24.

[29] 郭其友, 陈银忠, 易小丽. 汇率变动、流动性过剩与通货膨胀的动态关系 [J]. 经济学动态, 2011 (3): 65 - 70.

[30] Campa J M, Goldber L. Exchange Rate Pass-through into Import Prices [J]. Review of Economics and Statistics, 2005, 87 (4): 679 - 690.

[31] Choudhri E U. Hakura DS. . Exchange Rate Pass-through to Domes-

tic Prices: Does the Inflationary Environment Matter? [J]. Journal of International Money and Finance, 2006, 25 (4): 614 – 639.

[32] Beirne J, Bijsterbosch M. Exchange Rate Pass-through in Central and Eastern European EU Member States [J]. Journal of Policy Modeling, 2011, 33 (2): 241 – 254.

[33] 卜永祥. 人民币汇率变动对国内物价水平的影响 [J]. 金融研究, 2001 (3): 78 – 88.

[34] 王晋斌, 李南. 中国汇率传递效应的实证分析 [J]. 经济研究, 2009 (4): 17 – 27.

[35] 周健生, 沙文兵. 人民币汇率的价格传递效应: 1995 ~ 2010 [J]. 统计与决策, 2012 (8): 132 – 134.

[36] 符大海, 张莹, 卢伟. 人民币汇率对国内物价传递效应的再估计: 基于中国省级面板的证据 [J]. 宏观经济研究, 2017 (1): 82 – 96.

[37] Taylor J B.. Aggregate Dynamics and Staggered Contracts [J]. Journal of Political Economy, 1980, 88 (1): 1 – 23.

[38] Erbaykal E, Okuyan H A. Does Inflation Depress Economic Growth? Evidence from Turkey [J]. International Research Journal of Finance and Economics, 2008, 13 (17): 40 – 48.

[39] 糜仲春, 顾荣芳. 我国的经济增长速度和通货膨胀 [J]. 南京大学学报, 1998 (3): 86 – 91.

[40] 李玉双, 陈乐一. 经济波动和货币供应量波动对物价波动的影响分析 [J]. 统计与决策, 2009 (20): 105 – 106.

[41] 徐梅, 梅世强. 基于谱频率带的中国经济增长与物价波动关联性分析 [J]. 数理统计与管理, 2014, 33 (2): 345 – 354.

［42］Heller R H. International Reserves and World-wide Inflation ［J］. IMF Staff Papers，2002，1（23）.

［43］Chaudhry I S，Akhtar M H，Mahmood K，et al. Foreign Exchange and Inflation in Pakistan：Evidence from ARDL Modeling Approach ［J］. International Journal of Economics and Finance，2011，3（1）.

［44］封建强，袁林. 我国外汇储备增长与物价波动研究 ［J］. 经济科学，2000，22（6）：36 – 44.

［45］陈国辉，段鹏. 我国的外汇储备与通货膨胀 ［J］. 经济管理，2007（1）：26 – 31.

［46］惠晓峰，王馨润. 中国外汇储备对通货膨胀影响的实证分析 ［J］. 管理科学，2013，26（2）：100 – 109.

［47］姚宇惠，蔡宏宇. 基于 VAR 模型的我国外汇储备变动与物价波动的关系研究：2001～2012 ［J］. 宏观经济研究，2014（11）：138 – 148.

［48］Christinao L，Eichenbaum M，Evans C. Monetary Policy Shocks：What Have We Learned and to What End ［M］//Woodford M，Taylor J B. Handbook of Macroeconomics，Amsrerdam：North – Holland，1999.

［49］Barth，Ramey. The Cost Channel of Monetary Transmission，［M］//Bernanke and Rogoff（eds.）. NBER Macroeconomic Annuals. MIT Press，2001.

［50］Chowdhury，Hoffmann，Schabert. Inflation Dynamics and the Cost Channel of Monetary Transmission ［J］. European Economic Review，2006，50（4）：995 – 1016.

［51］刘康兵，申朴，李达. 利率与通货膨胀：一个费雪效应的经验

分析 [J]. 财经研究, 2003, 29 (2): 24 - 29.

[52] 张丽. 基于费雪效应下的利率与物价关系的实证分析 [J]. 经济师, 2011 (2): 50 - 51.

[53] 王立平, 刘明, 申建文. 利率市场化对"三驾马车"、物价传导机制研究 [J]. 经济问题探索, 2016 (9): 117 - 127.

[54] 孙坚强, 崔小梅, 蔡玉梅. PPI 和 CPI 的非线性传导: 产业链与价格预期机制 [J]. 经济研究, 2016 (10): 54 - 68.

[55] Kydland F E, Prescott E C. Time to Build and Aggregate Fluctuations [J]. Econometrica, 1982, 50 (6): 1345 - 1370.

[56] Nason J M, Cogley T. Testing the Implications of Long - Run Neutrality for Monetary Business Cycle Models [J]. Journal of Applied Econometrics, 1994, 9 (S1): S37 - S70.

[57] Cooley T F, Hansen G D. The Inflation Tax in A Real Business Cycle Model [J]. American Economic Review, 1989, 79 (4): 733 - 748.

[58] Fernandez - Villaverdz J. The Econometrics of DSGE Models [J]. Journal of Spanish Association, 2009.

[59] 卜永祥, 靳炎. 中国实际经济周期: 一个基本解释和理论扩展 [J]. 世界经济, 2002 (7): 3 - 11.

[60] 黄颐琳. 中国经济周期特征与财政政策效应——一个基于三部门 RBC 模型的实证分析 [J]. 经济研究, 2005 (6): 27 - 39.

[61] 李浩, 钟昌标. 贸易顺差与中国的实际经济周期分析: 基于开放的 RBC 模型的研究 [J]. 世界经济, 2008 (9): 60 - 65.

[62] 李春吉. 投资冲击、全要素生产率冲击与中国经济波动——基于 RBC 模型估计结果的分析 [J]. 经济问题, 2010 (9): 4 - 9.

［63］吕朝凤，黄梅波. 国际贸易、国际利率与中国实际经济周期——基于封闭经济和开放经济三部门 RBC 模型的比较分析 ［J］. 管理世界 2012 （3）：34 - 49.

［64］郭光耀. 银行垄断与经济波动——基于 RBC 模型的扩展研究 ［J］. 南方经济，2013，V31 （4）：63 - 74.

［65］李继翠，肖继五，周潮. 消费习惯形成、资本调整成本与中国宏观经济波动——基于 RBC 模型的实证研究 ［J］. 经济问题，2015 （11）：7 - 12.

［66］Yun T. Nominal Price Rigidity, Money Supply Endogeneity and Business Cycles ［J］. Journal of Monetary Economics, 1996, 37 （2）: 345 - 370.

［67］Gali J. Technology, Employment, and the Business Cycle: Do Technology Shocks Explain Aggregate Fluctuations? ［J］. American Economic Review, 1999, 89 （1）: 249 - 271.

［68］Smets F, Wouters R. An Estimated Dynamic Stochastic General Equilibrium Model of the Euro Area. The European Economic Association, 2003.

［69］Christiano L J, Eichenbaum M, Evans C L. Nominal Rigidities and the Dynamic Effects of A Shock to Monetary Policy ［J］. The Journal of Political Economy, 2005, 113 （1）: 1 - 45.

［70］Gali J, Valles J, Lopez - Salido J D. Understanding the Effects of Government Spending on Consumption ［J］. Journal of the European Economic Association, 2007.

［71］Tomohiro Sugo, Kozo Ueda. Estimating A Dynamic Stochastic General Equilibrium Model for Japan［J］. Journal of the Japanese and Internation-al Economies, 2008, 22（4）: 476 – 502.

［72］Christiano R M, Rostagno M. Financial Factors in Economic Fluc-tuations［R］. Meeting Papers, 2010.

［73］Christiano M T, Walentin K. Introducing Financial Frictions and Unemployment into A Small Open Economy Model, Journal of Economic Dy-namics and Control, 2011, 35（12）: 1999 – 2041.

［74］陈昆亭, 龚六堂. 粘滞价格模型以及对中国经济的数值模拟——对基本 RBC 模型的改进［J］. 数量经济技术经济研究, 2006 (8): 106 – 117.

［75］李春吉, 孟晓宏. 中国经济波动——基于新凯恩斯主义垄断竞争模型的分析［J］. 经济研究, 2006（10）: 72 – 82.

［76］许伟, 陈斌开. 银行信贷与中国经济波动: 1993 ~ 2005［J］. 经济学季刊, 2009, 8（3）: 969 – 994.

［77］隋建利, 刘金全, 庞春阳. 基于太阳黑子冲击视觉的中国货币政策有效性测度［J］. 管理世界, 2011（9）: 40 – 52.

［78］王艺明, 蔡昌达. 货币政策的成本传导机制与价格之谜——基于新凯恩斯主义 DSGE 模型的研究［J］. 经济学动态, 2012（3）: 14 – 25.

［79］王祥, 苏梽芳. 中国货币政策的福利损失与政策规则选择——基于新凯恩斯 DSGE 模型的分析［J］. 南方经济, 2014, 32（3）: 21 – 37.

［80］李君妍, 连飞. 利率预期冲击对宏观经济波动的影响——基于新凯恩斯 DSGE 模型的分析［J］. 学习与实践, 2015（6）: 17 – 25.

[81] 徐文成, 薛建宏, 毛彦君. 宏观经济动态性视角下的环境政策选择——基于新凯恩斯 DSGE 模型的分析 [J]. 中国人口·资源与环境, 2015, 25 (4): 101 – 109.

[82] 朱军. 土地供给冲击、公共资源配置与中国经济波动——"动态新凯恩斯主义" DSGE 模型的视角 [J]. 资源科学, 2013, 35 (6): 1115 – 1124.

[83] 陈利锋. 累进性工薪所得税、失业回滞与中国劳动力市场波动——基于新凯恩斯主义动态随机一般均衡的视角 [J]. 南京师大学报 (社会科学版), 2015 (2): 37 – 47.

[84] 王曦, 汪玲, 彭玉磊, 宋晓飞. 中国货币政策规则的比较分析——基于 DSGE 模型的三规则视角 [J]. 经济研究, 2017 (9): 24 – 38.

[85] 刘斌. 动态随机一般均衡模型及其应用 (修订第 2 版) [M]. 中国金融出版社, 2014.

[86] Obstfeld M, Rogoff K. Exchange Rate Dynamics Redux [J]. Journal of Political Economy, 1995, 103 (3): 624 – 660.

[87] Lucas R E, Jr. Econometric Policy Evaluation: A Critique [J]. Carnegie – Rochester Conference Series on Public Policy, 1976, 1 (1): 63 – 64.

[88] Clarida R, Gali J, Gertler M. A Simple Framework For International Money Policy Analysis [J]. Journal of Monetary Economics, 2002, 49 (5): 879 – 904.

[89] Lubik T A, Schorfheide F. Do Central Banks Respond to Exchange Rate Movements? A Structural Investigation [J]. Journal of Monetary Econom-

ics, 2007, 54 (4): 1069 – 1087.

[90] Justiniano A, Preston B. Monetary Policy and Uncertainty in an Empirical Small Open Economy Model [J]. Journal of Applied Economics, 2010, 25 (1): 93 – 128.

[91] Almeida V, Castro G L, Felix R M, et al. Fiscal Stimulus in a Small Euro Area Economy [R]. Bank of Portugal Working Paper, 2010.

[92] Benk S, Jakab Z M. Non – Keynesian Effects of Fiscal Consolidation: An Analysis with an Estimated DSGE Model for the Hungarian Economy [J]. Oecd Economics Department Working Papers, 2012, 71 (1): 36 – 40.

[93] Uribe M. Open Economy Macroeconomics [EB/OL]. www. columbia. edu/ – mu2166, 2012: 141 – 284.

[94] 刘斌. 我国 DSGE 模型的开发及在货币政策分析中的应用 [J]. 金融研究, 2008, (10): 1 – 21.

[95] 侯克强, 陈万华. 开放小国经济的货币政策传导机制 [J]. 世界经济, 2009 (8): 51 – 67.

[96] 张杰平. 开放经济 DSGE 模型下我国货币政策规则的选择 [J]. 山西财经大学学报, 2012 (4): 18 – 28.

[97] 朱军. 开放经济中的财政政策规则——基于中国宏观经济数据的 DSGE 模型 [J]. 财经研究, 2013, 39 (3): 135 – 144.

[98] 朱军. 开放经济中的外部冲击与财政协调政策——动态随机一般均衡的视角 [J]. 经济学动态, 2013 (6): 73 – 79.

[99] 张伟进, 方振瑞. 我国通货膨胀成因解析——基于开放经济体 DSGE 模型的研究 [J]. 南方经济, 2014, 32 (12): 1 – 18.

[100] 陈师, 郑欢, 郭丽丽. 中国货币政策规则、最优单一规则与

宏观效应［J］. 统计研究, 2015, 32（1）: 41 - 51.

［101］连飞. 货币政策转型背景下汇率调整对宏观经济的影响——基于开放经济 DSGE 模型的研究［J］. 统计与信息论坛, 2016, 31（7）: 61 - 67.

［102］Gali J, Monacell T. Monetary Policy and Exchange Rate Volatility in A Small Open Economy［J］. Review of Economic Studies, 2005, 72（3）: 707 - 734.

［103］王家玮. 人民币汇率与宏观经济动态性——基于开放经济 DSGE 模型的研究［J］. 对外经济贸易大学, 2012 年。

［104］McCallum B T, Nelson E. Monetary Policy for an Open Economy: An Alternative Framework with Optimizing［J］. Oxford Review of Economic Policy, 2000, 16（4）: 74 - 91.

［105］Calvo G A. Staggered Prices in A Utility Maximizing Framework［J］. Journal of Monetary Economics, 1983, 12（3）: 383 - 398.

［106］谢安. 对我国消费价格指数编制方法的一点看法［J］. 统计研究, 1998, 15（3）: 72 - 74.

［107］Hodrick R, Prescott E.. Postwar U. S. Business Cycles: An Empirical Investigation［J］. Journal of Money, Credit and Banking, 1997, 29（1）: 1 - 16.

［108］刘斌. 我国 DSGE 模型的开发及在货币政策分析中的应用［J］. 金融研究, 2008（10）: 1 - 21.

［109］李松华. 基于 DSGE 模型的利率传导机制研究［J］. 湖南大学学报（社会科学版）, 2013, 27（3）: 42 - 48.

［110］刘斌. 物价水平的财政决定理论与实证研究［J］. 金融研究,

2009 (8): 35-51.

[111] 高铁梅. 计量经济分析方法与建模——Eviews 应用及实例（第 2 版）[M]. 清华大学出版社, 2009.

[112] Sidrauski M. Rational Choices and Patterns of Growth in a Monetary Economy [J]. American Economic Review, 1967, 57 (2): 557-559.

[113] 张伟进, 方振瑞. 我国通货膨胀成因解析——基于开放经济体 DSGE 模型的研究 [J]. 南方经济, 2014, 32 (12): 1-18.

[114] 黄志强. 论美国的反通货膨胀经验及其启示 [J]. 东南学术, 2006 (2): 24-29.

[115] 白仲林, 汪玲玲. 两类 DSGE 模型的动态因子模型表示 [J]. 数量经济技术经济研究, 2014 (6): 117-130.

[116] 常云昆, 肖六亿. 货币供给冲击、产出与物价——对中国货币政策的实证分析 [J]. 山东社会科学, 2004 (4): 31-35.

[117] 陈丹丹, 任保平. 需求冲击与通货膨胀——基于中国的经验研究 [J]. 当代财经, 2008 (6): 9-13.

[118] 陈国辉, 段鹏. 我国的外汇储备与通货膨胀 [J]. 经济管理, 2007 (1): 26-31.

[119] 陈汉鹏. 中国货币政策中介目标、调控机制与金融摩擦下的宏观审慎监管 [D]. 南开大学, 2014.

[120] 陈克新. 原材料价格上涨不会引发严重通货膨胀 [J]. 数量经济技术经济研究, 2003, 20 (6): 28-29.

[121] 陈鹏. 基于小型开放经济 RBC 模型的中国经济波动模拟分析 [J]. 财贸研究, 2011, 22 (1): 1-7.

［122］陈云．国际宏观经济学的新方法：NOEM – DSGE 模型［J］.
经济学家，2010，2（2）：38 – 45.

［123］楚尔鸣，许先普．基于 DSGE 模型的中国资产价格波动与货
币政策分析［J］.中国地质大学学报（社会科学版），2012，12（5）：
114 – 122.

［124］丁林涛．中国通货膨胀形成机制的实证研究——基于货币政
策和外部冲击视角［D］.东北财经大学，2013.

［125］丁守海．工资与物价会螺旋波动吗？［J］.统计研究，2010，
27（9）：65 – 72.

［126］丁永健，鄢雯．中国的通货膨胀是输入型的吗？——物价波
动国际传导路径的实证研究［J］.华东经济管理，2011，25（12）：
61 – 65.

［127］封建强，袁林．我国外汇储备增长与物价波动研究［J］.经
济科学，2000，22（6）：36 – 44.

［128］郭其友，陈银忠，易小丽．汇率变动、流动性过剩与通货膨
胀的动态关系［J］.经济学动态，2011（3）：65 – 70.

［129］韩青．中国开放经济实体周期波动及其传导机制［D］.山东
大学，2011.

［130］汉桂民．货币政策与资产价格——基于 DSGE 模型的研究
［D］.山东大学，2012.

［131］郝枫．中国要素价格决定机制研究——国际经验与历史证据
［D］.天津财经大学，2008.

［132］胡爱华．基于新凯恩斯 DSGE 模型的我国财政政策效应分析
［D］.华中科技大学，2012.

［133］惠晓峰，王馨润．中国外汇储备对通货膨胀影响的实证分析
［J］．管理科学，2013，26（2）：100－109．

［134］简志宏，朱柏松，李霜．动态通胀目标、货币供应机制与中
国经济波动——基于动态随机一般均衡的分析［J］．中国管理科学，
2012，20（1）：30－42．

［135］康立，龚六堂．金融摩擦、银行净资产与国际经济危机传
导——基于多部门 DSGE 模型分析［J］．经济研究，2014（5）：147－
159．

［136］孔丹凤．中国的货币政策、财政政策与物价稳定［J］．山东
大学学报（哲学社会科学版），2012（4）：111－119．

［137］李成，马文涛，王彬．通货膨胀预期与宏观经济稳定：
1995～2008——基于动态随机一般均衡模型的分析［J］．南开经济研究，
2009（6）：30－53．

［138］李军．货币供给与通货膨胀长期与短期关系分析［J］．数量
经济技术经济研究，1997（11）：44－49．

［139］李君妍，连飞．利率预期冲击对宏观经济波动的影响——基
于新凯恩斯 DSGE 模型的分析［J］．学习与实践，2015（6）：17－25．

［140］李楠．我国通货膨胀过程的形成机理分析与传导机制检验
［D］．吉林大学，2011．

［141］李霜．动态随机一般均衡下中国经济波动问题研究［D］．华
中科技大学，2011．

［142］李松华．贷款影响我国房价数量效应的实证研究［J］．金融
理论与实践，2014（2）：42－45．

［143］李松华．基于 DSGE 模型的中国货币政策传导机制研究［D］．

华中科技大学, 2010.

[144] 李松华. 基于新凯恩斯 DSGE 模型的中国经济波动模拟研究 [M]. 中国水利水电出版社, 2014.

[145] 李巍, 张志超. 通货膨胀与房地产价格对实体经济的冲击影响——基于不同货币政策规则的 DSGE 模型分析 [J]. 华东师范大学学报 (哲学社会科学版), 2011, 43 (4): 82 – 94.

[146] 李雪松, 王秀丽. 工资粘性、经济波动与货币政策模拟——基于 DSGE 模型的分析 [J]. 数量经济技术经济研究, 2011 (11): 22 – 33.

[147] 李颖. 中国物价波动的特征和影响因素研究 [D]. 东北财经大学, 2011.

[148] 廖迎. 中国通货膨胀动态研究 [D]. 华侨大学, 2014.

[149] 刘斌. 我国货币供应量与产出、物价相互关系的实证研究 [J]. 金融研究, 2002 (7): 10 – 17.

[150] 刘华志. 我国开放经济 DSGE 模型的构建、评估及应用 [D]. 东北财经大学, 2013.

[151] 刘康兵, 申朴, 李达. 利率与通货膨胀: 一个费雪效应的经验分析 [J]. 财经研究, 2003, 29 (2): 24 – 29.

[152] 刘兰凤, 袁申国. 中国经济金融加速器效应的 DSGE 模型分析 [J]. 南方经济, 2012 (8): 102 – 114.

[153] 刘松林. 基于 DSGE 模型的利率传导机制研究 [J]. 湖南大学学报 (社会科学版), 2013, 27 (3): 42 – 48.

[154] 刘尧成, 徐晓萍. 供求冲击与我国经济外部失衡——基于 DSGE 两国模型的模拟分析 [J]. 财经研究, 2010, 36 (3): 102 – 112.

[155] 刘尧成，徐晓萍. 消费替代弹性、经济开放与中国经济外部失衡 [J]. 统计研究，2010，27（4）：19 –27.

[156] 柳明，宋潇. 石油价格波动对中国宏观经济的影响——基于 DSGE 模型的分析 [J]. 南开经济研究，2013（6）：74 –96.

[157] 卢宝梅. 汇率目标制、货币目标制和通货膨胀目标制的比较及其在我国的应用的探讨 [J]. 国际金融研究，2009（1）：69 –80.

[158] 卢颖超. 开放经济条件下通货膨胀动态特征及成因识别研究 [D]. 吉林大学，2015.

[159] 马丽娟. 开放经济条件下货币政策规则的理论模型与计量检验 [D]. 吉林大学，2012.

[160] 马文涛. 货币政策的数量型工具与价格型工具的调控绩效比较——来自动态随机一般均衡模型的证据 [J]. 数量经济技术经济研究，2011（10）：92 –110.

[161] 马文涛，魏福成. 基于新凯恩斯动态随机一般均衡模型的季度产出缺口测度 [J]. 管理世界，2011（5）：39 –65.

[162] 马亚明，刘翠. 房地产价格波动与我国货币政策工具规则的选择——基于 DSGE 模型的模拟分析 [J]. 国际金融研究，2014（8）：24 –34.

[163] 毛彦军，王晓芳. 货币供给冲击、货币需求冲击与中国宏观经济波动 [J]. 财贸研究，2012（1）：100 –107.

[164] 梅冬州，龚六堂. 货币错配、汇率升值和经济波动 [J]. 数量经济技术经济研究，2011（6）：37 –51.

[165] 糜仲春，顾荣芳. 我国的经济增长速度和通货膨胀 [J]. 南京大学学报，1998（3）：86 –91.

［166］钱争鸣，郭鹏辉，李智．宏观主要经济变量对物价影响的动态分析［J］．厦门大学学报，2006（1）：95－102．

［167］王晋斌，李南．中国汇率传递效应的实证分析［J］．经济研究，2009（4）：17－27．

［168］王君斌．通货膨胀惯性、产出波动与货币政策冲击：基于刚性价格模型的通货膨胀和产出的动态分析［J］．世界经济，2010（3）：71－94．

［169］吴军，肖威，涂竞．中国通货膨胀成因的量化分析［J］．国际金融研，2011（11）：15－20．

［170］杨灿，陈龙．中国CPI与PPI：因果关系和传导机制［J］．厦门大学学报（哲学社会科学版），2013（3）：1－9．

［171］张成思．通货膨胀、经济增长与货币供应：回归货币主义？［J］．世界经济，2012（8）：3－21．

［172］张丽．基于费雪效应下的利率与物价关系的实证分析［J］．经济师，2011（2）：50－51．

［173］张五六．货币供应量与物价之间永久性、暂时性成分变动关系研究［J］．统计与决策，2013（12）：7－11．

［174］张仲梁，叶值材，潘建成等．通货膨胀、投资与经济增长——关于宏观调控背景的计量分析［J］．管理世界，2004（9）：5－12．

［175］周健生，沙文兵．人民币汇率的价格传递效应：1995～2010［J］．统计与决策，2012（8）：132－134．

［176］Akcay S. The Causal Relationship between Producer Price Index and Consumer Price Index：Empirical Evidence from Selected European Countries [J]. International Journal of Economics and Finance, 2011, 3 (6).

[177] Barth, Ramey. The Cost Channel of Monetary Transmission [J]. Nber Macroeconomics Annual, 2001, 16：199 – 240.

[178] Baxter M, King R. Measuring Business Cycles Approximate Band – Pass Filters for Economic Times Series [J]. Review of Economics & Statistics, 1999, 81 (4)：575 – 593.

[179] Beirne J, Bijsterbosch M. Exchange Rate Pass-through in Central and Eastern European EU Member States [J]. Journal of Policy Modeling, 2011, 33 (2)：241 – 254.

[180] Kivedal B K. A DSGE Model with Housing in the Cointegrated VAR Framework [J]. Empirical Economics, 2014, 47 (3)：853 – 880.

[181] Campa J M, Goldberg L. Exchange Rate Pass-through into Import Prices [J]. Review of Economics and Statistics, 2005, 87 (4)：679 – 690.

[182] Choudhri E U, Hakura D S. Exchange Rate Pass-through to Domestic Prices：Does the Inflationary Environment Matter? [J]. Journal of International Money and Finance, 2006, 25 (4)：614 – 639.

[183] Chowdhury, Hoffmann, Schabert. Inflation Dynamics and the Cost Channel of Monetary Transmission, European Economic Review, 2006, 50 (4)：995 – 1016.

[184] Francisco J, Murcia R. Methods to Estimate Dynamic Stochastic General Equilibrium Models [J]. Journal of Economic Dynamics and Control, 2007, 31 (8)：2599 – 2636.

[185] Gordon R J. The Role of Wages in the Inflation Process [J].

American Economic Review, 1988, 78 (2): 276 – 283.

[186] Grauwe P, Polan M. Is Inflation Always and Everywhere a Monetary Phenomenon? [J]. Scandinivian Journal of Economics, 2005, 107 (2): 239 – 259.

[187] Hamilton J D, Herrera A M. Oil Shocks and Aggregate Macroeconomic Behavior: The Role of Monetary Policy [J]. Journal of Money, Credit, and Banking, 2004, 36 (2): 287 – 291.

[188] Chaudhry I S, Akhtar M H, Mahmood K, et al. Foreign Exchange and Inflation in Pakistan: Evidence from ARDL Modeling Approach [J]. International Journal of Economics and Finance, 2011, 3 (1).

[189] Taylor J B. Aggregate Dynamics and Staggered Contracts [J]. Journal of Approach [J]. Economy, 1980, 88 (1): 1 – 23.

[190] Lucas R E Jr. Expectations and the Neutrality of Money [J]. Journal of Economic Theory, 1972, 4 (2): 103 – 124.

[191] Lustig V. The Cross Section of Foreign Currency Risk Premier and Consumption Growth Risk [J]. The American Economic 2007, 97 (1): 89 – 117.

[192] Cushing M J, McGarvey M G. Feedback between Wholesale and Consumer Price Inflation: A Reexamination of the Evidence [J]. Southern Economic Journal, 1990, 56 (4): 1059 – 1072.

[193] Ivrendi M, Guloglu B. Monetary Shocks, Exchange Rate and Trade Balances: Evidence from Inflation Targeting Countries [J]. Economic Modeling, 2010, 27 (5): 1144 – 1155.

[194] Minford P, Xu Y, Zhou P. How Good are Out of Sample Forecas-

ting Tests on DSGE Models? [J]. Italian Economic Journal, 2015, 1 (3):
333 – 351.

[195] Kim S – H. Sequential Action and Beliefs Under Partially Observable DSGE Environments [J]. Computational Economics, 2012, 40 (3): 219 – 244.

[196] Ivashchenko S. DSGE Model Estimation on the Basis of Second – Order Approximation [J]. Computational Economics, 2014, 43 (1): 71 – 82.

[197] Shimer R. Convergence in Macroeconomics: The Labor Wedge, American Economic Journal: Macroeconomics, 2009, 1 (1): 280 – 297.

[198] Smyth N. A Bivariate Causality between Exchange Erases and Stock Prices South Asia [J]. Applied Economies Letters, 2003, 10 (11): 699 – 704.

[199] Bekiros S, Paccagnini A. On the Predictability of Time – Varying VAR and DSGE Models [J]. Empirical Economics, 2013, 45 (1): 635 – 664.

[200] Koutroumanidis T, Zafeiriou E, Arabatzis G. Asymmetry in Price Transmission between the Producer and the Consumer Prices in the Wood Sector and the Role of Imports: The Case of Greece [J]. Forest Policy and Economics, 2009, 11 (1): 56 – 64.

[201] Walsh J P. Reconsidering the Role of Food Prices in Inflation [R]. IMF Working Paper, 2011, 11 (71).